ullstein

Das Buch

Noch nie gab es so viele »Problemkinder« wie heute. Unsere Kinder gelten als hyperaktiv, aggressiv, möchten Topmodel oder Superstar werden oder verstecken sich im »Hotel Mama«. Aber sind wir wirklich von kleinen Tyrannen und ängstlichen Nesthockern umgeben? Nein, meint Ernst Fritz-Schubert. Aus Angst, dass unsere Kinder in der Leistungsgesellschaft versagen, konzentrieren wir uns zu sehr auf ihre Probleme. Doch wenn man Kindern nur ihre Schwächen vorhält, werden sie unglücklich und mutlos. Fritz-Schubert plädiert für ein radikales Umdenken und bietet dafür einen neuen pädagogischen Ansatz: Das Glück unserer Kinder muss im Vordergrund stehen. Wer sich selbst gut kennt, wer lernt, seine Stärken zu stärken und an seinen Schwächen zu arbeiten, der lernt, glücklich zu sein. Er ist auch in schwierigen Situationen krisenfest.

Der Autor

Ernst Fritz-Schubert ist Direktor der Willy-Hellpach-Schule in Heidelberg und unterrichtet Volks- und Betriebswirtschaftslehre, Ethik sowie das Fach Glück. Darüber hinaus arbeitet er als sportpsychologischer Berater in der Jugendförderung des Fußballvereins TSG 1899 Hoffenheim, beschäftigt sich mit ganzheitlichem Wohlbefinden in der Rehabilitation und ist Autor des Buches *Schulfach Glück*.

Ernst Fritz-Schubert

Glück kann man lernen

Was Kinder stark fürs Leben macht

Ullstein

Besuchen Sie uns im Internet:
www.ullstein-taschenbuch.de

Ungekürzte Ausgabe im Ullstein Taschenbuch
1. Auflage Dezember 2011
2. Auflage 2012
© Ullstein Buchverlage GmbH, Berlin 2010/Ullstein Verlag
Umschlaggestaltung: ZERO Werbeagentur, München,
unter Verwendung einer Vorlage von www.buero-jorge-schmidt.de
Titelabbildung: plainpicture
Satz: Pinkuin Satz und Datentechnik, Berlin
Gesetzt aus der Janson
Papier: Pamo Super von Arctic Paper Mochenwangen GmbH
Druck und Bindearbeiten: CPI – Ebner & Spiegel, Ulm
Printed in Germany
ISBN 978-3-548-37424-6

Inhalt

Einleitung

Wenn man Eltern fragt, was sie sich für ihr Kind am meisten wünschen, lautet die Antwort in aller Regel: »Wir wünschen uns nichts sehnlicher, als dass unser Kind glücklich wird.« Und diesem Wunsch schließen sich unsere verantwortlichen Politiker uneingeschränkt an. Die Kultusminister nennen deshalb in ihren Bildungsplänen oft so schöne Bildungsziele wie die Förderung von Zuversicht, Selbstvertrauen oder Freude am Lernen und an guter Leistung. Kinder haben sogar ein verbrieftes Recht auf Glück: Die Generalversammlung der Vereinten Nationen verabschiedete 1959 die »Erklärung der Rechte des Kindes«, nach der die Menschheit dem Kinde ihr Bestes schuldet, damit es eine glückliche Kindheit hat. Und in der UN-Kinderrechtskonvention von 1989 heißt es, dass »das Kind zur vollen und harmonischen Entfaltung seiner Persönlichkeit … umgeben von Glück, Liebe und Verständnis aufwachsen soll«.

Aber was ist dieses Glück, das wir für uns und unsere Kinder anstreben? Glück ist weit mehr als der positive Zufall, wie er beim Lotteriegewinn vom Himmel fällt. Ebenso wenig ist es nur das Hochgefühl, wie es sich bei frisch Verliebten einstellt. Lebensglück besteht nicht nur aus intensiv erlebten Glücksmomenten, auch wenn sich das manch einer vielleicht wünschen würde, sondern aus der Fülle der glücklicheren und weniger glücklichen Ereignisse des Lebens und wie wir damit umgehen.

Zu den herausragenden Eigenschaften des Menschen gehört seine Fähigkeit, sich an schwierige Bedingungen anzupassen, kritische Situationen zu meistern und dabei Freude zu empfinden. Das Glücksgefühl ist also auch die natürliche Belohnung für unsere Anstrengungen und zugleich Motor für immer neues Tätigsein. Das Streben nach Lebensglück richtet sich demnach nicht auf ein fixiertes Endziel der Glückseligkeit, sondern ist ein fortwährender Prozess, ein individuell sehr verschiedener, manchmal auch steiniger Weg.

Die zentrale Frage, die wir uns auf diesem Weg immer wieder stellen, ist die nach dem Sinn und den guten Gründen unseres Lebens. Wenn wir auf diese Frage eine Antwort finden, stehen die Chancen gut, dass wir glücklich sind, auch wenn es gerade mal nicht so gut läuft. In der Erziehung besteht deshalb eine der vorrangigen Aufgaben von Eltern und Lehrern darin, den Kindern bei der Suche nach ihrem Lebenssinn zu helfen, um sie in ihrer Glücksfähigkeit zu unterstützen. Einen Sinn vorgeben können sie aber nicht, denn den muss jeder Mensch für sich selbst finden.

Ich bin davon überzeugt, dass Platons vier Kardinaltugenden Weisheit, Tapferkeit, Mäßigung und Gerechtigkeit auch heute noch als Erziehungsziele notwendig und geeignet sind. Gleichzeitig bezweifle ich, dass sich diese Ziele in unserer von Selbstbestimmung und Freiheit geprägten Gesellschaft durch eine Kasernenhofpädagogik mit Appellen, Sanktionen und Dressur erreichen lassen, auch wenn einige Unverbesserliche das immer noch zu glauben scheinen. Zum Glück sind die Zeiten vorbei, in denen Kinder ihren Eltern so lange bedingungslos gehorchen mussten, wie sie die Füße unter deren Tisch stellten. Vorbei sind auch die Zeiten, in denen Menschen durch körperliche und seelische Bestrafung zu Gehorsam und zum »Tun des Rechten« erzogen werden sollten. Und wir sollten alles daransetzen, dass das auch so bleibt.

Wenn Kinder erleben, wie wohltuend es ist, sich im platonschen Sinne klug und mutig die Welt zu erobern, wenn sie erfahren, wie viel eher man sich durch gerechtes Handeln die dauerhafte Anerkennung der Gemeinschaft erwirbt als zum Beispiel durch unmäßigen Konsum, macht sie das zu verantwortungsvolleren, hilfsbereiteren und achtsameren Menschen. Solche Kinder sind glücklicher und gesünder als diejenigen, die fremde Erwartungen erfüllen oder sich das Gesetz des Stärkeren zu eigen machen. Sie schließen schneller Freundschaften und lernen auch leichter, allerdings nicht aufgrund des allgegenwärtigen Leistungsdrucks, sondern weil sie sich dafür entschieden haben. Lernen macht ihnen Spaß, weil die Aufgaben sie herausfordern und sie sich zutrauen, die Lösung zu finden.

Aber gibt es sie überhaupt noch, die glücklichen Kinder? Wenn man den Massenmedien Glauben schenken darf, gehören sie heute zu einer aussterbenden Spezies. Unsere Kinder sind angeblich zu einer Bande vollgefressener Egoisten, gewalttätiger, spiel- und drogensüchtiger Nichtstuer oder depressiver Angsthasen mutiert. Die Gerichts- und Erziehungsshows im Fernsehen präsentieren uns täglich neue Horrorszenarien und vermitteln uns ein Zerrbild der vermeintlich verrohten Jugend von heute.

Natürlich gibt es viele Kinder, die leiden, die die Widrigkeiten des Lebens nicht verkraften und daran zerbrechen: Kinder, die in Armut leben und denen die materiellen Voraussetzungen fehlen, um sich ihren Möglichkeiten entsprechend entwickeln zu können. Kinder, die von ihren Eltern misshandelt oder vernachlässigt werden. Kinder, die im Gegenteil zu viel Aufmerksamkeit erhalten, die als Projektionsfläche oder Partnerersatz dienen und nicht mehr Kind sein dürfen. Kinder, die durch Trennung, Krankheit oder Tod der Eltern traumatisiert sind. Kinder, die depressiv werden und verwahrlosen, weil ihre Väter und Mütter ihnen aufgrund eigener charakterlicher Schwächen keine Vorbilder sein können. Kinder, die in der Schule leiden, weil ihre Lehrer sie nicht ermutigen, sondern vor allem beschämen und ihnen dadurch Zuversicht, Vertrauen und Selbstbewusstsein rauben.

Die Finger in diese Wunden zu legen und ein Lamento über das gesellschaftliche, familiäre oder schulische Elend anzustimmen, so wie es viele Politiker, Journalisten und Pädagogen zurzeit tun, ist zwar modern und vor allem publikumswirksam, aber auf Dauer hilft uns das nicht weiter. Viel sinnvoller ist es, wenn wir alle Energie darauf verwenden, unsere Kinder dahingehend zu unterstützen, dass sie sich allein oder mit Hilfe anderer gut entwickeln, trotz teilweise widriger Umstände. Dass sie lernen, Krisen zu überwinden und vielleicht sogar gestärkt aus ihnen hervorzugehen. Wir sollten die heranwachsende Generation in ihren angeborenen oder erlernten Fähigkeiten bestärken. Und wir sollten uns fragen, welchen Beitrag Eltern, Lehrer, Freunde und die Gemeinschaft leisten können, damit junge Menschen Eigenschaften ausbilden, die ihnen ermöglichen, verantwortungsvoll und glücklich zu leben.

Bei all dem dürfen wir nicht vergessen, dass die meisten Kinder glücklich zur Welt kommen und die meisten Eltern sich anstrengen, damit aus ihnen glückliche Erwachsene werden. Alle Kinder haben ungeahnte Ressourcen, und die gilt es gemeinsam mit ihnen zu entdecken. Das ist eine der wichtigsten Aufgaben von Eltern und Pädagogen.

Kinder stark zu machen steht nicht im Widerspruch zur gesellschaftlich erwünschten Vermittlung von Werten wie Freiheit, Gleichheit und Solidarität, sondern beschreibt lediglich einen anderen Weg zum selben Ziel. Auch Lust und Leistung sind keineswegs Gegensätze. Das Leben zu meistern heißt nicht nur, dass man sich die nötigen Fähigkeiten aneignet, um zu überleben. Zum Lebensglück gehört neben der Lebenskompetenz auch die Lebensfreude, die Fähigkeit, zu genießen und in heiterer Gelassenheit auch mal über sich selbst lachen zu können, wenn der gewünschte Erfolg ausbleibt.

Es hilft unseren Kindern jedenfalls nicht, wenn wir ihnen alle Hindernisse aus dem Weg räumen. Junge Menschen wollen Herausforderungen bestehen. Sie wollen Erwachsene an ihren Erfolgen teilhaben lassen und im Gegenzug Wertschätzung erfahren. Sie wollen stolz auf ihre Leistungen sein können, und zwar nicht nur auf die Ergebnisse, sondern auch auf die erfolgreiche Überwindung von Schwierigkeiten, die ihnen den Weg zum Ziel anfangs vielleicht versperrt haben. Bei Misserfolgen wollen sie nicht beschämt oder gedemütigt, sondern ermutigt werden, denn eine Niederlage lässt sich nur dann in einen Erfolg verwandeln, wenn die notwendige Energie für einen neuen Anlauf aufgebracht wird. Und dazu benötigt man vor allem positive Emotionen.

Kinder, die nach einem Streit in der Schule oder nach einer verpatzten Klassenarbeit wütend oder traurig nach Hause kommen, können nicht direkt zur Tagesordnung übergehen und sich an den Schreibtisch setzen, um zu lernen. Sie wollen getröstet werden und in der Geborgenheit der Familie neue Kräfte sammeln können.

Alle Kinder wollen ihren Eltern gefallen und ihnen durch gute Leistungen zeigen, dass sie stolz auf sie sein können. Umso wichtiger ist es, Kindern zu vermitteln, dass schlechte Schulnoten die elterliche Liebe und Wertschätzung nicht vermindern. Andererseits ist es aber auch Aufgabe der Eltern, dem Kind die guten Gründe aufzuzeigen, warum sich ein neuer Anlauf und eine erneute Anstrengung lohnen. Durch einen konstruktiven Umgang mit Misserfolgen entsteht in den Kindern die im Leben so wichtige Fähigkeit, aus Niederlagen zu lernen und unvermeidbare Frustrationen auszuhalten, anstatt daran zu zerbrechen.

Damit Kinder sich zu selbstsicheren, starken Persönlichkeiten entwickeln können, müssen sie außerdem sensibel für die eigenen Gefühle und die Gefühle anderer werden. Sie müssen lernen, Emotionen zuzulassen und zu benennen. Auch starke Jungs und coole Mädchen dürfen weinen, wenn sie körperlichen oder seelischen Schmerz verspüren. Gleichzeitig müssen sie lernen, die Gefühle anderer wahrzunehmen, richtig zu deuten und angemessen darauf zu reagieren. Echte Freude ist mehr als ein lachender Mund, und nicht jede Träne verkündet gleich eine Katastrophe.

Kinder müssen zudem in die Lage versetzt werden, die eigenen Gefühle zu steuern, damit sie den Herausforderungen einer Welt voller Verführungen gewachsen sind. Dazu gehört zum Beispiel die Fähigkeit, auch einmal abzuwarten und im Zweifel zu verzichten. Elternhaus und Schule müssen die Kinder dabei unterstützen, denn oftmals fehlen ihnen noch die nötigen Erfahrungen, um eigene Bedürfnisse zurückstellen zu können oder um den Mut aufzubringen, nein zu sagen und einen eigenen Weg zu gehen.

Manche Erfahrungen können Jugendliche in unseren technisierten, konsum- und leistungsorientierten Zeiten in der Realität kaum noch machen. Wie oft klettern Kinder noch auf Bäume, um sich durch Kraft, Mut und Ausdauer die frischesten Äpfel der Welt zu erobern? Wie oft rennen Kinder noch barfuß über eine frisch gemähte Wiese, um sich anschließend auf den duftenden Heuhaufen zu werfen und freundschaftlich miteinander zu ringen? Welches Kind pflückt der Mutter noch einen Feldblumenstrauß, um ihr seine Zuneigung zu zeigen? Kinder und Jugendliche brauchen aber ganzheitliche Erlebnisse, um körperlich und seelisch gesund zu bleiben und sich in der Gemeinschaft wirklich wohl zu fühlen.

Im Sommer 2007 haben wir an der Willy-Hellpach-Schule in Heidelberg deshalb begonnen, unser schulisches Leitziel »physische und psychische Gesundheit für Lehrer und Schüler« durch die Einführung des neuen Unterrichtsfaches »Glück« außerhalb des traditionellen Fächerkanons umzusetzen. Die Willy-Hellpach-Schule ist eine berufliche Schule, die Wirtschaftsgymnasiasten zum Abitur verhilft und Hauptschülern den Weg zum mittleren Bildungsabschluss ebnet. Daneben unterrichten wir junge Auszubildende aus den Bereichen Wirtschaft und Gesundheit, als Ergänzung zur beruflichen Praxis.

Das Fach Glück richtete sich zunächst besonders an diejenigen Schüler, die sich an einem Scheideweg befanden: Ihnen stand entweder der schulische Aufstieg bis hin zum Abitur bevor, bei nicht bestandener Prüfung konnten sie aber auch im freien Fall bis zum Sozialhilfeempfänger abstürzen. Wir wollten diese Schüler stärken, indem wir ihnen vor allem die Voraussetzungen für ein gelingendes Leben aufzeigten, in dem auch die Lebensfreude nicht zu kurz kommt. Schließlich ist sie eine wichtige Voraussetzung für erfolgreiches Lernen.

Der Glücksunterricht, bei dem unter anderem spielerische Elemente der Erlebnis- und Theaterpädagogik in Verbindung mit Erkenntnissen aus den Sportwissenschaften und der Positiven Psychologie zum Ein-

satz kommen, dient an sich aber nicht der Leistungs-
maximierung. Vielmehr geht es darum, dass Kinder
und Jugendliche ihre Persönlichkeit entwickeln, indem
sie zum Beispiel frühzeitig lernen, Stress zu vermeiden
oder Phasen extremer Belastung gelassen zu meistern.

Wir wollen die Jugendlichen erleben lassen, dass
positive Grundhaltungen nicht nur wichtig für die Gemeinschaft sind, sondern sich dadurch auch das eigene
Wohlbefinden steigern lässt. Wenn ein Jugendlicher zum
Beispiel an der Kletterwand einen Mitschüler oder eine
Mitschülerin am Seil sichert, erfährt er hautnah, was
Vertrauen und Verlässlichkeit bedeuten. Gleichzeitig
wird ihn diese Erfahrung mit Stolz und einem Gefühl
der Befriedigung erfüllen.

In der anschließenden wissenschaftlichen Auswer-
tung der Unterrichtsergebnisse eines Schuljahres konnte
nachgewiesen werden, dass die teilnehmenden Schülerinnen und Schüler sich nicht nur wohler fühlten und
die Schulgemeinschaft als wertvoller erachteten als die
Kontrollgruppe, sondern dass sie vor allem auch mehr
Lebenssinn empfanden. Fast alle waren zuversichtlicher,
konnten Lebensziele formulieren und hatten ihre Familie als Kraftquelle entdeckt. Beeindruckend war auch,
dass die Jugendlichen erklärten, genauer zu wissen, was
sie wollten, und vor allem, was sie nicht wollten.

Diese Ergebnisse haben uns ermutigt, die Inhalte und
Methoden der Unterrichtsreihe auf weitere Schulen und
andere Bereiche zu übertragen. Seit 2008 wird das Fach
Glück erstmals an einem Gymnasium in Weinheim an
der Bergstraße unterrichtet, beginnend mit der fünften

Klasse. Als Pilotversuch wird der Glücksunterricht mittlerweile an vielen Schulen – von der Grundschule bis zum Gymnasium – angeboten. Österreich führt in der Steiermark einen Schulversuch für alle Schularten durch. Die Pädagogische Hochschule Graz, die das Projekt wissenschaftlich begleitet, bezieht sich im Wesentlichen auf die Heidelberger Erfahrungen.

Aber nicht nur Schulen wollen von den positiven Ergebnissen des Faches Glück profitieren. Bereits seit 2007 kommen jugendliche Fußballspieler der TSG 1899 Hoffenheim in den Genuss des Glückstrainings, das im Kern dem Schulfach ähnelt, aber die Aspekte der Selbstmotivierung und Selbstberuhigung stärker gewichtet. Der Direktor für Sport- und Nachwuchsförderung des Vereins, dem ich das Projekt im Frühjahr 2007 vorstellte, war von Anfang an begeistert und bat mich deshalb, das Training noch im selben Jahr anzubieten. Ziel ist es, die Persönlichkeit der Spieler zu stärken und das Gemeinschaftsgefühl zu fördern. Die Trainingseinheiten bilden die Grundlage für die später einsetzende sportpsychologische Betreuung der jungen Fußballer.

Seit 2009 biete ich unser Glücksprojekt in einer Versuchsphase auch an der Rehaklinik Königstuhl in Heidelberg an. Erklärtes Ziel ist es hier, das allgemeine Wohlbefinden der teilnehmenden Patienten zu steigern und ihre Gesundheit durch Veränderungen des Lebensstils zu stärken. Bisher haben wir die Erfahrung gemacht, dass unser Angebot dort genauso begeistert angenommen wird wie an unserer Schule.

Die vielen Anfragen von sozialen und medizinischen

Einrichtungen wie Kinderheimen und Kurkliniken bestätigen den großen Bedarf nach gezielter Stärkung des seelischen, körperlichen und sozialen Wohlbefindens. Mit unserem Konzept sind wir also offenbar auf dem richtigen Weg.

Dieses Buch ist ein Ratgeber für Eltern und Pädagogen, in dem nicht nur allgemeingültige Prinzipien der Glückserziehung vorgestellt werden. Anhand einfacher Übungen und konkreter Kriseninterventionen wird auch die praktische Umsetzung des lebensbejahenden und gesundheitsfördernden Paradigmenwechsels von der Problemorientierung hin zur Lösungsorientierung aufgezeigt.

Auch der Ernst des Lebens
sollte Spaß machen

So trist hatte ich mir den Ernst des Lebens nicht vorgestellt. Ziemlich genau zehn Jahre nach meinem ersten Schultag hatte ich mit Mühe die mittlere Reife geschafft und begann eine kaufmännische Lehre. Dass ich in der Schule nicht sonderlich erfolgreich gewesen war, lag meiner Meinung nach weniger an der fehlenden Begabung als an meinen sonstigen Interessen. Nach dem Motto »Es gibt Wichtigeres als die Schule« verbrachte ich die meiste Zeit auf meinem Rennrad. Ich glaube, dass meine Lehrer, von denen viele durch das Militär und den Krieg sehr autoritär geprägt waren, mit meiner quirligen und spontanen Art nicht so gut zurechtkamen. Kreativität war damals in der Schule ohnehin nicht gefordert. Jedenfalls waren meine Noten für Aufmerksamkeit, Fleiß und Ordnung meist nur befriedigend bis ausreichend. Durch diese negative Rückmeldung in Form der Kopfnoten änderte sich an meiner Haltung allerdings nichts. Im Gegenteil, ich verlor vollkommen die Lust an der Schule, und auch meine Leistungen in den Hauptfächern wurden immer schlechter. Wirkliche Wertschätzung für meine Anstrengungen bekam ich dafür reichlich im Sport, und das genügte mir fürs Erste. Spätestens im Berufsleben würde alles besser werden, hoffte ich.

Am 1. April 1964 betrat ich das muffige, verrauchte Büro von Herrn W., Steuerberater, um meine Ausbildung zum Steuerberatergehilfen zu beginnen. Eigentlich wäre ich am liebsten Radrennfahrer geworden oder vielleicht Dekorateur, wie mein Vater. Genau wusste ich das nicht, aber welcher Fünfzehnjährige weiß schon, welchen Beruf er einmal ausüben möchte. Auch der Besuch beim Arbeitsamt und eine ausführliche Berufsberatung hatten mir nicht weitergeholfen. Also hatte meine Mutter für mich entschieden. Ich sollte es auf jeden Fall besser haben als mein Vater. Als gäbe es etwas Besseres als die Arbeit eines selbständigen Dekorateurs, der Tag für Tag mit dem Auto unterwegs ist, um in vielen kleinen Läden Schaufenster zu gestalten. Offensichtlich mochte meine Mutter die langen Arbeitszeiten meines Vaters nicht und hätte ihn lieber als Finanzbeamten gesehen. Ich glaube, mein Vater sah das völlig anders und war mit seinem Beruf recht zufrieden. Nun, wenn der Vater die Bürotätigkeit nicht wollte, so sollte wenigstens der Sohn ein Plätzchen im Trockenen finden.

Die Arbeit in einem Steuerberatungsbüro ist sicherlich eine anspruchsvolle und ehrenwerte Tätigkeit, mit der viele Menschen sehr zufrieden sind. Zu mir passte sie aber leider überhaupt nicht. Ich war einfach zu ungeduldig für die präzise Büroarbeit und vermisste meine nachmittäglichen Ausfahrten mit dem Rad. Zu meinem Unglück befand sich mein »trockenes Plätzchen« auch noch in einem winzigen Büro, das mit Aktenschränken und Arbeitstischen für die drei angestellten Gehilfen zugestellt war. Außerdem gab es noch einen Tisch für eine überdimensionierte Schreib- und Rechenmaschine. Hinter einer Schiebetür, in einem noch kleineren, völlig verqualmten Raum, verbarg sich der Chef, Herr W., kaum sichtbar hinter seinen Aktenbergen.

Eigentlich war für mich überhaupt kein Platz in diesem Kabuff. Als Notlösung wurde mir ein Tischchen direkt an der Eingangstür zugewiesen, so dass ich jedes Mal aufspringen musste, wenn jemand den Raum betrat oder verließ, weil es so eng war, dass man sonst die Tür nicht hätte öffnen können.

Ich war gespannt, welche Arbeiten man für mich vorgesehen hatte. Bis dahin war ich so naiv gewesen zu glauben, dass wohlhabende Steuerberater in dicken Ledersesseln ebenso wohlhabende Mandanten beraten, wie sie ihr Geld möglichst am Finanzamt vorbeischleusen können. Unser Büro hatte allerdings vor allem Schornsteinfeger als Mandanten, die uns Monat für Monat einen Wust von Belegen in Pappkartons brachten. Unsere Aufgabe bestand darin, die Unterlagen nach Aus- und Eingangsrechnung und nach Datum zu sortieren und sie dann in einem in viele Zeilen und Spalten gegliederten Buch, dem amerikanischen Journal, zu verbuchen. Während die Gehilfen in möglichst sauberer Schrift die Eintragungen vornahmen, bestand meine verantwortungsvolle Aufgabe darin, die vielen Spalten des Journals zu addieren und Quersummen zu bilden, um Buchungsfehler zu entdecken. Diese nervenaufreibende Rechenübung, die ich ohne technische Hilfsmittel, also ohne die klobige Rechenmaschine ausführen musste, war der Einstieg in eine langweilige, trostlose Lehrzeit.

Wie sehr habe ich damals meinen Vater mit seinen vielen kreativen Freiräumen und der eigenen Verantwortlichkeit beneidet. Ich hätte am liebsten schon nach wenigen Tagen die Lehrstelle gewechselt, um auch Dekorateur zu werden, aber Aufgeben gab es nicht. Meine Eltern gaben meinem Bitten und Flehen nicht nach. Ich erinnere mich noch gut an den Satz: »Lehrjahre sind keine Herrenjahre, da musst du jetzt durch.«

Es kam, wie es kommen musste. Mit wachsender Unzufriedenheit und Unlust wurden meine Leistungen immer miserabler. Ich kam dauernd zu falschen Ergebnissen, vergaß Teilsummen und verschrieb mich beim Übertragen. Bald war ich nur noch für Botengänge zu gebrauchen. Zu meinen täglichen Pflichten gehörte fortan vor allem das Gassigehen mit dem kläffenden Foxterrier meines Chefs. Außerdem durfte ich Unterlagen der Mandanten abholen und zurückbringen sowie die privaten Einkäufe von Herrn W. erledigen.

Innerhalb kurzer Zeit war es mir gelungen, mir durch systematische Leistungsverweigerung und einfaches Dummstellen ein Stückchen persönliche Freiheit zurückzuerobern. Der Preis, den ich dafür zahlte, war allerdings wesentlich höher, als ich mir zunächst eingestand. Der Brief meines Lehrherrn an meine Eltern, in dem er schrieb: »Ehe Ernst etwas lernt, gibt der Ochse Milch«, hat mich tief verletzt. Genau wie die Demütigung, als Bürobote mit Tasche und Hund durch die Stadt zu schleichen, in der Hoffnung, nur möglichst niemandem zu begegnen.

Zum Glück hat sich der Steuerberater mit seiner Voraussage getäuscht; am Ende habe ich sogar die Prüfung bestanden. Aber was war im Verlauf von drei Lehrjahren mit mir passiert? Aus dem kreativen, sportlichen und aktiven Jungen, für den ich mich bis dahin gehalten hatte, war eine lustlose Hilfskraft geworden, die nur noch für einfachste Arbeiten taugte.

Das Ende meiner Lehre empfand ich deshalb wie eine Befreiung aus der Leibeigenschaft, und ich beschloss, für eine Weile nicht mehr regelmäßig zu arbeiten. Auch den während der Schulzeit so geliebten Radsport hatte ich mittlerweile aufgegeben. Stattdessen versuchte ich nun, mein ramponiertes Selbstwertgefühl durch den Besitz von sportlichen Autos der Luxusklasse aufzupolieren. Ich entschied mich zunächst für einen Citroën ID 19, der nicht nur durch seine außerordentliche Form auffiel, sondern mit seiner hydraulischen Federung und seinen flauschigen Polstern auch unglaublich bequem war. Es folgten ein Porsche 356 B und später ein Glas GT für halsbrecherische Fahrten. Da mir das nötige Geld fehlte, wurde ich erfinderisch. Einen großen Teil des Kaufpreises für den Citroën konnte mir meine Freundin leihen, die allerdings ihr Sparbuch plündern musste und dafür zu Hause eine Menge Ärger bekam. Den Rest ergatterte ich durch windige Autogeschäfte mit anderen Möchtegerns.

Aus heutiger Sicht würde ich sagen, ich war ein aufgeblasener Angeber geworden, der versuchte, seine Minderwertigkeitsgefühle zu vertuschen. Wenn ich mit Gleichaltrigen zusammentraf, schindete ich zunächst mächtig Eindruck mit meinem jeweiligen Statussymbol.

Ich konnte zeigen, in welche Komfortklasse ich scheinbar aufgestiegen war und wie toll der technische Schnickschnack funktionierte. An Mitfahrerinnen fehlte es mir auch nicht. Aber wo war ich bei der ganzen Sache, und vor allem, wofür betrieb ich den ganzen Hokuspokus? Ich konnte doch nicht mein Leben lang mit meinen Luxuskarren die Straßen auf und ab fahren, um mein Selbstwertgefühl zu heben.

Nach kurzer Zeit entstand in mir ein Gefühl von innerer Leere und Nutzlosigkeit. Ich hatte zwar in dieser Zeit materiell alles, wovon ein junger Mann nur träumen kann, trotzdem war ich unzufrieden und schlecht gelaunt. Meine ehemaligen Freunde aus dem Sport hatten sich verlaufen, und die neuen Kontakte schienen mir wenig wertvoll. Ein Freund aus der Schulzeit war mir jedoch geblieben. Er hatte sein Abitur in der Tasche und wartete jetzt auf einen Studienplatz. Irgendwie war ich neidisch auf ihn, denn was er erzählte, hörte sich alles unheimlich spannend an, vor allem das bevorstehende studentische Leben in der neuen Stadt und die Perspektive, es irgendwann wirklich geschafft zu haben.

Erst einige Zeit später, nach meinem Wehrdienst, den ich beim Bundesgrenzschutz ableistete, überwand ich meine Selbstzweifel und wagte endlich einen neuen Anfang. Ausschlaggebend war das Buchgeschenk meines Deutschlehrers bei einer allgemeinbildenden Schulung des Grenzschutzes in Hannover. Ich hatte mich zu Beginn des Wehrdienstes mangels Alternativen entschieden, länger zu bleiben als nur die verpflichtenden achtzehn Monate, und kam so in den Genuss dieser Zusatzausbildung. Meine Aufgabe hätte anschließend darin bestanden, in den Zügen von Helmstedt nach Berlin die Pässe der Transitreisenden zu überprüfen.

Einer der Lehrer bei dieser Schulung, der normalerweise als Oberstudienrat an einem Gymnasium Deutsch und Geschichte unterrichtete, verkörperte für mich geradezu die humanistische Bildung. Er schien unglaublich klug und belesen zu sein und verstand es, mittels Literatur Geschichte lebendig werden zu lassen. In der Zeit fing ich tatsächlich an zu lesen. Ich identifizierte mich mit den Helden und erlebte ihre inneren Konflikte, ihre Siege und Niederlagen hautnah mit.

Irgendwie muss der Lehrer meine Begeisterung gespürt haben, jedenfalls schenkte er mir den Band »Deutsche Prosa. Erzählungen seit 1945«. Ich fand viele der darin abgedruckten Texte damals nicht sonderlich spannend. Trotzdem gehört dieses Buch wahrscheinlich zu den wichtigsten, die ich jemals besessen habe. Auf der zweiten Seite befand sich nämlich eine Widmung meines Deutschlehrers. »Sie werden im Leben noch viel erreichen, weil Sie klug, stark und ausdauernd sind«, hatte er geschrieben. Stärke und Ausdauer waren Eigenschaften, die bis dahin für mich zwar im Sport wichtig waren, die ich aber niemals mit Bildung in Verbindung gebracht hätte.

Jeder Mensch sammelt im Laufe seines Lebens eine Fülle von Erfahrungen, dennoch gibt es für jeden Einzelnen ganz besondere Augenblicke, in denen sozusagen die Weichen seines Lebens gestellt werden. Für mich war diese bis dahin unbekannte Art der Wertschätzung ein solches Schlüsselerlebnis, das mich gewissermaßen wachrüttelte und in eine neue Zukunft aufbrechen ließ.

Kurz darauf war ich wild entschlossen, mein Abitur nachzuholen und ein wirtschaftswissenschaftliches Studium zu beginnen. Ich fasste einen Entschluss. An meinem nächsten freien Wochenende wollte ich nach Hause fahren, um in einem Aufbaugymnasium vorzusprechen. Zum Glück gab es in meiner Heimatstadt Fulda ein solches Gymnasium, das jungen Menschen mit einem mittleren Bildungsabschluss die Möglichkeit bot, das Abitur nachzumachen. Dort traf ich auf einen sehr verständnisvollen Direktor, den ich mit meinen klaren Zielvorstellungen überzeugte, mich mitten im Schuljahr in die elfte Klasse aufzunehmen. Meinen Dienst beim Bundesgrenzschutz konnte ich kurzfristig quittieren, um meinen Traum wahr zu machen.

Meine Eltern waren anfangs zwar skeptisch, ob ich wirklich durchhalten würde, dennoch unterstützten sie mein Vorhaben. Genau vier Wochen später war ich ohne Aufnahmeprüfung und trotz schlechter Zeugnisse Oberstufenschüler eines Gymnasiums.

Zwar geben die Ochsen bis heute keine Milch, aber ich habe damals innerhalb kürzester Zeit nicht nur meine Haltung verändert, sondern auch viel und vor allem leicht gelernt. Nach zwei Jahren bestand ich mein Abitur und begann, in Heidelberg Volkswirtschaftslehre und Jura zu studieren. Als Manager wollte ich später mit am großen Rad der Wirtschaft drehen.

Der Wunsch, Lehrer zu werden, entstand erst gegen Ende meines Studiums. Zum Glück konnte ich als fertiger Diplom-Volkswirt in Zeiten des Lehrermangels als Referendar in den Schuldienst übernommen werden. Die Entscheidung für den Lehrerberuf beruhte sicher auch auf dem positiven Einfluss des Deutschlehrers, der mir Mut gemacht hatte, einen neuen Weg zu gehen, und auf der Unterstützung des Direktors des Aufbaugymnasiums, der an mich geglaubt hatte. Für mich steht seit jener Zeit fest, dass eine der Hauptaufgaben der Schule in der Schaffung von prägenden positiven Schlüsselerlebnissen liegt. Das reicht vom schlichten, aber subjektiv als tiefgreifend empfundenen Unterrichtserlebnis, bei dem der sogenannte »Aha-Effekt« entsteht, bis hin zum vertrauensvollen Gespräch zwischen Schülern und Lehrern. Solche Gespräche geben den Schülern Kraft, weil sie sich ernst genommen fühlen, und sie helfen ihnen, sich zu orientieren. Voraussetzung dafür ist Offenheit, genügend Zeit, Empathie und vor allem Vertrauen in die Stärken der Schüler.

Woher kommen eigentlich die vielen Problemkinder?

Ich war bestimmt kein einfaches Kind und kein leicht zu erziehender Jugendlicher. Wahrscheinlich habe ich meinen Eltern so manche schlaflose Nacht bereitet. Auch meine Lehrer und mein Ausbilder hatten sicher große Mühe mit mir. Trotzdem wäre niemand auf die Idee gekommen, mich gleich als Problemkind zu stigmatisieren. Und schon gar nicht hätte man mich auf physische oder psychische Defizite hin untersuchen lassen. Auch hätte kein Arzt eine Krankheitsdiagnose gestellt, um dann eine Therapie für den armen Ernst einzuleiten. Man ging wohl einfach davon aus, dass sich das auswächst, dass schwierige Phasen zum Erwachsenwerden dazugehören.

Ich glaube, dass mein ohnehin angeschlagenes Selbstvertrauen noch weiter geschrumpft wäre, wenn man mir den Stempel des bedauernswerten Kranken aufgedrückt hätte. Wahrscheinlich hätte ich später weder die Kraft noch den Mut aufgebracht, zur Schule zurückzukehren, um Versäumtes nachzuholen und zu neuen Ufern aufzubrechen. Zu meinem großen Glück öffnete sich in jenen Jahren ein bis dahin sehr rigides und undurchlässiges Schulsystem für Spätzünder wie mich. Die Aussicht, durch Abitur und Studium eine Eintrittskarte in ein erfüllteres Berufsleben zu erwerben, motivierte mich. Am meisten beflügelte mich aber, dass meine Lehrer und meine Eltern damals an mich glaubten und mich bei meinem Vorhaben nach Kräften unterstützten.

Natürlich möchten Eltern heute immer noch das Beste für ihre Kinder, mir scheint jedoch, die Gelassenheit und die Zuversicht, dass sich letztlich alles fügt, hat sich im Laufe der letzten Jahrzehnte verflüchtigt. Eltern sind oftmals verunsichert und sehen die Zukunft ihres Kindes in Gefahr, sobald es in der Schule nicht »funktioniert«. Für jede körperliche, geistige oder soziale Abweichung von der Norm wird dem Kind ein Etikett verpasst, und den Eltern wird suggeriert, sie müssten – im Verbund mit Lehrern, Ärzten und Psychologen – so lange auf ihren Nachwuchs einwirken, bis er wieder »auf Schiene gesetzt« sei.

Die Medien mit ihrer sensationshungrigen, auf Quoten bedachten Berichterstattung verstärken den Eindruck, dass die Mehrheit der Kinder heute in irgendeiner Weise auffällig ist. Ganze Heerscharen von Problemkindern flimmern in unsere Wohnzimmer. Begleitet von einem starken Aufgebot an Pädagogen, Psychologen und Fernsehrichtern werden uns schon ab mittags Nesthocker, kleine Tyrannen, spiel-, alkohol- und magersüchtige Kinder sowie jugendliche Gewalttäter vorgeführt. Die Ratgeberliteratur boomt, die Supernannys haben Hochkonjunktur, und allerorten erschallt der Ruf nach Disziplin.

Unlängst misslang mir eine Entspannungsübung in der fünften Klasse eines Gymnasiums, das das Schulfach Glück in allen Jahrgangsstufen eingeführt hat und von mir beraten und betreut wird. Die Kinder sollten dem Gezwitscher der Vögel vor den Fenstern lauschen, doch ein Junge sabotierte die Ruhephase seiner Mitschüler durch Grimassen und wilde Gestik. Als ich ihn später fragte, warum er unentwegt den Unterricht gestört habe, antwortete mir der Elfjährige mit einer Mischung aus Empörung und Selbstzufriedenheit: »Ich habe ADHS, ich kann nicht anders. Wenn Sie wollen, zeige ich Ihnen das Attest.« Ich war sprachlos, denn wer sich so früh schon als krank ansieht, der hat kaum Chancen, sein Verhalten zu ändern. Im Gegenteil, der Junge fühlte sich wahrscheinlich noch als etwas Besonderes, weil ihn die Lehrer mit Samthandschuhen anfassen müssen.

Wenn es im Umgang mit einem unruhigen Schüler einfach hieße, er sei leicht ablenkbar, wäre das hingegen ein Aufruf an das betroffene Kind, dessen Eltern und Lehrer, zumindest an dem Problem zu arbeiten und zu versuchen, unausgeschöpfte Potentiale zu entdecken. Vielleicht gelänge es im Zuge dieser Bemühungen auch, die guten Eigenschaften des Kindes zu ergründen, frei nach dem Vorbild von Astrid Lindgren, deren Michel aus Lönneberga ein Zappelphilipp ist, gleichzeitig aber überaus charmant, kreativ, tierlieb, gutmütig und ehrlich. Ich bin sicher, mit der Krankheit ADHS (Aufmerksamkeitsdefizit-/Hyperaktivitätssyndrom) als Etikett auf dem Rücken hätte Michel es sehr viel schwerer gehabt.

Wir leben in einer Gesellschaft, in der Wahlfreiheit und Selbstbestimmung einen hohen Stellenwert besitzen. Kinder sollen und dürfen vieles selbst entscheiden, teilweise bestimmen sie sogar, wo die Familie den Urlaub verbringt oder welches Auto die Eltern kaufen. Was den Kindern aber oft nicht vermittelt wird, ist, dass zu Wahlfreiheit und Selbstbestimmung auch Verantwortung gehört. Wer nie für die Konsequenzen eigenen Fehlverhaltens einstehen musste, weil es immer irgendeinen Rechtfertigungsgrund gab, der wird es später schwer haben, Verantwortung für sich und andere zu übernehmen. Das fängt schon im Sandkasten an, wenn ein Kind dem anderen die Schaufel wegnimmt und die Mutter oder der Vater entweder wegschaut oder den kleinen Übeltäter mit den Worten in Schutz nimmt, er habe doch nur damit spielen wollen. Später sind es vielleicht die ungünstigen Lernvoraussetzungen in der Klasse oder zu Hause, die als Entschuldigung für einen Misserfolg herhalten müssen. Natürlich lässt sich für alles eine Erklärung finden, die Frage ist nur, ob dies für die Entwicklung des Kindes förderlich ist.

Wenn wir über die sogenannten Problemkinder sprechen, müssen wir darauf achten, dass wir Ursache und Wirkung nicht verwechseln. Ein Kind, das sich als Klassenclown gebärdet oder die Schule schwänzt, tut das vielleicht nur, weil es sich überfordert fühlt und dem Unterricht nicht mehr folgen kann. Ein Kind, das trotz guter Vorbereitung auf die Klassenarbeiten nur schlechte Ergebnisse erzielt, ist vielleicht dem Erwartungsdruck seiner Umwelt nicht gewachsen und reagiert mit einer lähmenden Versagensangst. Ein Kind, das den Konflikt zwischen den zerstrittenen Eltern nicht mehr ertragen kann, verhält sich möglicherweise nur aus dem Grund auffällig aggressiv.

Alle diese Kinder sollen aber vor allem funktionieren. Sie sollen sich in Elternhaus, Schule und Gesellschaft bewähren und sich möglichst unauffällig verhalten, damit alles läuft wie geschmiert. Abweichungen von der Norm stören den geregelten Ablauf. Dieses aus der Arbeitswelt von Erwachsenen auf die Alltagswelt von Kindern und Jugendlichen übertragene Muster führt dazu, dass man Fehler und abweichendes Verhalten nicht zulassen kann.

In einer Fehlervermeidungskultur liegt es nahe, auf eher mechanische, symptomorientierte Weise mit Lernstörungen und Erziehungsschwierigkeiten umzugehen. Es gibt jedoch keine einheitliche Strategie, sondern durchaus widersprüchliche Reaktionen: Auf der einen Seite ertönt manchmal schon fast ohnmächtig der Ruf nach mehr Disziplin in Elternhaus und Schule, auf der anderen Seite wird mehr Verständnis und Nachsicht für die gebeutelten Kleinen gefordert. Vielfach wird hierbei übersehen, dass man nicht alle Kinder über einen Kamm scheren kann. Natürlich gibt es die verzogenen Wunschkinder, die kleinen Prinzen und Prinzessinnen, die es vor lauter Fürsorge der Eltern schwer haben, sich zu sozialen Wesen zu entwickeln und in eine Gemeinschaft einzufügen. Bei solchen Kindern ist es angeraten, erzieherische Präsenz zu zeigen. Das bedeutet aber nicht, dass sie mittels elterlicher Macht oder schulischer Amtsautorität unterjocht werden sollen. Vielmehr geht es darum, ihnen zu vermitteln, dass man weder bereit ist nachzugeben, noch sie als Person aufzugeben. Daneben existieren die emotional vernachlässigten Kinder und Jugendlichen, denen etwas mehr Fürsorge und Zuwendung unglaublich guttäten. Einfühlsame Pädagogen versuchen, ihr Verhalten an den individuellen Erfordernissen ihrer Schüler auszurichten, aber oft bleiben aus Zeitmangel nur die gestuften Disziplinarmaßnahmen wie Verwarnung und zeitweiliger oder endgültiger Schulausschluss, um auf fehlende Einsicht von Eltern und Kindern zu reagieren.

Schon früh teilt das System Schule junge Menschen auf der Grundlage erbrachter Leistungen in die Kategorien »besser« und »schlechter« ein und selektiert dementsprechend. Um die beruflichen Chancen ihrer Kinder nicht zu gefährden und die eigenen Erwartungen bezüglich eines möglichst hochkarätigen Schulabschlusses nicht aufgeben zu müssen, bleibt den Eltern schwächerer Schüler meist keine andere Wahl, als durch »Bildungszukauf« in Nachhilfeeinrichtungen die Lerndefizite auszugleichen oder durch entsprechende Atteste und Bescheinigungen einen Sonderstatus für ihre Kinder einzufordern.

Statt sich von vornherein darauf konzentrieren zu können, die Stärken der Kinder zu entdecken und zu fördern, statt gute Lernvoraussetzungen zu schaffen, um vorhandene Ressourcen zu schöpfen, sind die Schulen oftmals gezwungen abzuwarten, bis sich »Lernstörungen«, soziale Schwierigkeiten oder psychische Defizite zeigen. Anschließend wird dann ein Krankheitsbild definiert, das vor allem die Verantwortlichen entlastet, denn Krankheit ist schicksalhaft, für Krankheit ist man nicht verantwortlich.

Die Schwächen der Kinder, ihre vermeintlichen Defizite stehen bei all dem im Vordergrund. So ist es nicht verwunderlich, dass die Eltern von »Problemkindern« im ständigen Austausch mit Lehrern stehen, dass oft und viel über die Schwierigkeiten dieser Kinder geredet wird. Eltern von leistungsstarken, sozial kompetenten Schülerinnen und Schülern erhalten dagegen sehr viel weniger Feedback. Sie hören oft: »Ach, Ihr Kind ist total unproblematisch. Da gibt es nichts zu besprechen.« Auch hier werden oft nicht einmal die Stärken des Kindes benannt, es bekommt nur attestiert, »kein Problem« zu haben.

Bei dieser pathogenetischen Betrachtungsweise, die sich, ähnlich wie in der Medizin, auf das »Leiden«, dessen Ursachen und Erscheinungsformen konzentriert, dreht sich alles um das unerwünschte Verhalten der betroffenen Kinder und Jugendlichen. In erster Linie geht es hier um eine nachträgliche Regulierung des Problems statt um die eigentlich wünschenswerte Prävention.

Zweifellos gibt es schwerwiegende psychische Störungen bei Kindern und Jugendlichen, die dringend behandelt werden müssen. Dazu gehören unter

anderem ausgeprägte Formen des Aufmerksamkeits-
defizit-/Hyperaktivitätssyndroms oder auch schwere
Depressionen. Man muss sich aber vor Augen halten,
dass es zu keiner Zeit so viele »Schulkrankheiten«
zur Erklärung von auffälligem Verhalten bei Kindern
und Jugendlichen gab wie in den letzten Jahrzehnten.
Ein paar Jahre lang waren die Ärzte unentwegt damit
befasst, Legasthenie oder Dyskalkulie zu attestieren,
damit die Eltern bessere Noten für ihre Kinder einfor-
dern konnten. Inzwischen bekommen wir eine Flut von
Bescheinigungen über Konzentrationsstörungen, die
sicher nicht in allen Fällen gerechtfertigt sind. Gleichzeitig haben Eltern noch nie in einem solchen Umfang
wie heute ihre Kinder auf Hochbegabung testen lassen,
sei es aus Sorge über das merkwürdige Verhalten des
eigenen Nachwuchses oder aus Ehrgeiz, ein besonders
begabtes Kind zu haben. So macht das gute Ergebnis
des Intelligenztests aus einem Störenfried einen kleinen
Einstein, der weder krank noch schlecht erzogen ist,
sondern einfach nur extrem klug und deshalb in der
Schule unterfordert.

Lernzirkel und andere teure Nachhilfemaßnahmen
boomen, Sponsoren finanzieren Antiaggressionstrainings
an Schulen, und Resozialisierungsprogramme bilden
eine solide Existenzgrundlage für private Jugendhilfe-
einrichtungen. Leider greifen viele dieser gutgemeinten
Maßnahmen zu kurz, manche bleiben auf lange Sicht
sogar gänzlich wirkungslos. Kinder und Jugendliche
sehnen sich nämlich vor allem nach Wertschätzung, Geborgenheit und liebevollen Beziehungen, die nicht nur

auf Erwartungen aufbauen und an Leistungen geknüpft sind.

Wie nachteilig es sich auswirken kann, wenn ein Schüler mit einem Krankheitslabel versehen wird, zeigt die folgende Situation, die ich kürzlich in meinem Büro erlebt habe. Mutter und Sohn waren zu einem Gespräch einbestellt, weil der fünfzehnjährige Junge häufig die Schule schwänzte und seine Hausaufgaben so gut wie nie machte. Wenn er mal im Unterricht erschien – meist kam er zu spät –, störte er durch laute Zwischenrufe die Mitschüler und hielt sie vom konzentrierten Arbeiten ab.

Die Mutter wirkte leicht gereizt und betrat energisch den Raum. Der Sohn stapfte hinter ihr her, bewaffnet mit einem unter dem Arm eingeklemmten kleinen Metallroller, einem Scooter. Als beide Platz genommen hatten, stellte er ihn vor sich auf den Boden und fing an, ihn mit dem Fuß hin und her zu schieben. Ich fragte, warum er den Roller mit hereingebracht habe. Die Mutter antwortete für den Sohn, sie habe ihren Schirm ja auch dabei. Schließlich forderte ich den Jungen auf, das Sportgerät wenigstens zur Seite zu schieben. Zögerlich und unwillig kam er meiner Aufforderung nach.

Nachdem ich von seinen Schwierigkeiten in der Klasse berichtet hatte, übernahm die Mutter wieder das Kommando. Sie bat den Jungen um Erlaubnis, von seiner »Krankheit« zu berichten. Ihr Sohn könne sich seit der ersten Klasse nicht an die Regeln in der Schule halten, und jetzt hätten sie endlich die Erklärung dafür gefunden. Ebenso wie sein uns unbekannter Bruder habe er massive Konzentrationsprobleme und sei deshalb nicht in der Lage, Regeln zu befolgen. Diese genetische Anlage sei laut Aussage ihres Hausarztes wahrscheinlich die Ursache für das Fehlverhalten des Sohnes.

Ich wollte unbedingt wieder zum Ausgangsthema zurückkehren und fragte: »Gehören das ständige Zuspätkommen, die fehlenden Entschuldigungen und das Comiczeichnen während des Unterrichts auch zu den ärztlich attestierten Symptomen?« Damit lenkte ich das Augenmerk von der alles entschuldigenden Krankheit auf das Thema Verantwortung und erntete eine entsprechende Reaktion: Die Mutter packte ihren Sohn am Arm und zog ihn aus meinem Büro.

Diese Reaktion macht deutlich, was passiert, wenn Eltern versuchen, einen Schutzwall um ihr Kind aufzubauen, indem sie problematisches Verhalten mit dem Vorliegen einer Krankheit entschuldigen. Was die verunsicherte Mutter von uns forderte, war ein Übermaß an Verständnis, das in diesem Fall weder berechtigt war noch hilfreich gewesen wäre. Ein fünfzehnjähriger junger Mann ist normalerweise nämlich durchaus in der Lage, sein Verhalten zu reflektieren und Verantwortung dafür zu übernehmen. Wenn Sanktionen aus Rücksicht auf die Krankheit aber nicht erfolgen, kann der notwendige Lernprozess nicht stattfinden.

Kurze Zeit später rief die Mutter mich an, entschuldigte sich für ihren Auftritt und vereinbarte einen neuen Termin mit mir. Bei unserem zweiten Gespräch erzählte sie, dass die negativen Rückmeldungen seitens der Schulen ihrer Söhne sie mit der Zeit einfach mürbegemacht hätten. Weiter erklärte sie, dass ihr Sohn tatsächlich nicht einfach sei und auch sie vieles von ihm ertragen müsse. Vor einigen Jahren habe der Vater die Familie verlassen, und die beiden Kinder seien nun ihr Ein und Alles.

Diese Konstellation ist sicherlich kein Einzelfall. Viele, besonders alleinerziehende Eltern widmen sich mit unglaublicher Hingabe ihren Kindern, vergessen dabei aber leider oftmals ihre eigenen Ansprüche ans Leben und vermitteln den Kindern so den Eindruck, sie seien der Mittelpunkt des Universums, nach dem sich alles richte. Treffen diese Kinder und Jugendlichen im privaten Umfeld oder auch in der Schule auf Menschen mit eigenen Vorstellungen und Ansprüchen, sind die Konflikte vorprogrammiert.

Ich erklärte der Mutter, dass sie von ihrem Sohn nur so viel ertragen müsse, wie sie sich von ihm gefallen lasse. Je mehr sie ihm erlaube, desto höher würden seine Erwartungen. Am Ende erziehe nicht die Mutter den Sohn, sondern der Sohn die Mutter. Gemeinsam überlegten wir dann, wie wir das Verhalten des Jungen positiv beeinflussen könnten. Für den familiären Bereich schlug ich ihr ein in solchen Fällen bewährtes Vorgehen vor. Betroffene Eltern werden aufgefordert, einmal darüber nachzudenken, bei welchen Verhaltensweisen ihres Kindes sie den größten Veränderungsbedarf sehen. Vielleicht fällt der Jugendliche ihnen ständig ins Wort, oder er kann nie abwarten, bis alle mit dem Essen fertig sind, sondern springt immer schon vorher auf. Im zweiten Schritt sollen die Eltern aus dem unerwünschten Verhalten des Jugendlichen positive Wünsche für die ganze Familie formulieren, zum Beispiel: »Wir lassen einander ausreden«, oder: »Wir warten, bis alle fertig gegessen haben, bevor wir aufstehen«. Diese Wünsche müssen dann als feste Vereinbarung von allen Familienmitgliedern akzeptiert werden. Man kann sie auch zusätzlich auf ein Poster schreiben, das man in dem Raum aufhängt, in dem die Familie sich meistens aufhält. Für jeden Tag der Woche und für jeden Wunsch ist auf dem Poster ein Kästchen vorgesehen, in das bei erfülltem Wunsch die Bestätigung eingetragen wird. Wie das geschieht, ob mit einem Klebepunkt, einem Kreuzchen, einem Haken oder einem Smiley, spielt keine Rolle. Entscheidend ist, dass bei jedem erfüllten Wunsch ein Lob ausgesprochen und als Anerkennung für das Erreichen eines bestimmten »Wochenpensums« an Wunscherfüllungen eine Belohnung vereinbart wird. Wichtig ist auch, dass nur die positiven Veränderungen hervorgehoben werden und durch die Belohnung zugleich ein Anreiz für weitere Veränderungen gegeben wird.

Zur Beilegung des schulischen Konflikts einigten die Mutter und ich uns in dem Gespräch darauf, dass ihr Sohn eine entsprechende Vereinbarung über sein Verhalten in der Schule mit mir erarbeiten solle, ohne Beteiligung der Mutter. Auf die Art und Weise würde er die Erfahrung machen, dass er allein die Verantwortung für sein Verhalten trägt.

Dass die Mutter des Fünfzehnjährigen sich auf diese Regelungen einließ, liegt meines Erachtens vor allem daran, dass sie sich, wie so viele Eltern, eine Verhaltensänderung bei ihrem Kind wünschte, ohne selbst drakonische Maßnahmen androhen oder sogar durchsetzen zu wollen. Und dieser Wunsch ist gar nicht so unberechtigt, denn tatsächlich stellt sich die Frage, ob es nicht besser ist, richtiges Verhalten zu belohnen, anstatt störendes Verhalten hervorzuheben, indem man es andauernd thematisiert. Ein Kind, das in der Klasse für eine Störung gerügt wird, hat es geschafft, für den Augenblick die Aufmerksamkeit aller auf sich zu ziehen. Auch das kann als Belohnung empfunden werden und das Fehlverhalten noch verstärken. Vielversprechender ist es deshalb im schulischen Alltag oft, das falsche Verhalten einzelner zu ignorieren und stattdessen das richtige Verhalten der Mehrheit positiv zu bestätigen, indem man Dinge sagt wie: »Toll, dass mittlerweile fast alle zuhören«, oder am Ende der Stunde: »Danke für eure Aufmerksamkeit.« Solche Sätze müssen aber natürlich ernst gemeint sein; ein zynischer Unterton könnte alles wieder verderben.

Warum macht Schule Angst?

Dass wir heute mit so vielen diagnostizierten Verhaltensstörungen bei Kindern und Jugendlichen konfrontiert sind, liegt einerseits sicher an der Zunahme wissenschaftlicher Untersuchungen und an den spezifischen Messverfahren. Andererseits lässt sich aber auch tatsächlich eine größere Zahl an Verhaltensauffälligkeiten feststellen, das heißt, immer mehr Kinder verhalten sich signifikant anders als die meisten Kinder. Sie sind andauernd unaufmerksam, hyperaktiv, extrem schüchtern oder ängstlich, sie verweigern den Schulbesuch oder gelten aufgrund ihres trotzigen Verhaltens oder ihrer Unehrlichkeit als schwer erziehbar. Andere neigen dazu, sich selbst zu schädigen: Sie leiden unter Essstörungen, nehmen Drogen oder verletzen sich selbst. Eine weitere Gruppe ist besonders aggressiv gegenüber Bezugspersonen oder Gleichaltrigen. Folgen wir den düsteren Prognosen mancher Pädagogen und Psychologen, dann wird uns, ähnlich wie die USA, demnächst zudem eine Welle von Autismus- und Depressionsdiagnosen für junge Menschen erreichen.

Das Robert Koch-Institut hat in einer Studie festgestellt, dass 17,8 Prozent der Jungen und 11,5 Prozent der Mädchen im Alter von drei bis siebzehn Jahren verhaltensauffällig sind.[1] Zu den häufigsten Auffälligkeiten zählen hier soziale und emotionale Probleme wie Ängste und depressive Verstimmungen sowie Hyperaktivität. Laut *Focus-Schule Online* vom 19. November 2008 schätzen Experten, dass in Deutschland 600 000 bis 1 200 000 Schüler unter Schulangst leiden. Wolfgang Oelsner, Leiter der Klinikschule der Kinder- und Jugendpsychiatrie an der Universität Köln, spricht bereits von einer beginnenden Schulangstepidemie.[2] Diese Beobachtungen decken sich mit den Ergebnissen des »LBS-Kinderbarometers Deutschland 2009«, das von den Landesbausparkassen in Zusammenarbeit mit dem Deutschen Kinderschutzbund erstellt und im Juni 2009 veröffentlicht wurde. In dieser Studie wurden Kinder und Jugendliche unter anderem nach ihrem Wohlbefinden in der Schule gefragt. Zwar gaben zwei Drittel der Befragten an, sich in der Schule »sehr gut« bis »eher gut« zu fühlen, ein Drittel sagte aber auch, sie fühlten sich nur mittelmäßig bis hin zu »sehr schlecht«. Auffallend ist, dass das Wohlbefinden ab der fünften Klasse deutlich abnimmt. Als Hauptgründe für ihr Unbehagen in der Schule gaben die Kinder Überforderung sowie Angst vor Klassenarbeiten und vor dem Sitzenbleiben an.

Besonders nachdenklich macht, dass die Schule seit Beginn der jährlichen Erhebungen vor zehn Jahren der Lebensbereich ist, in dem sich die Kinder konstant am wenigsten wohl fühlen. Schule verursacht Angst und löst Stress aus, so dass viele Kinder und Jugendliche schon allein deshalb nicht gut lernen können. Das LBS-Kinderbarometer deutet noch auf einen anderen alarmierenden Umstand hin: Mehr als jedes dritte Kind reagiert auf den Schulstress mit physischen Beschwerden wie Kopf- oder Bauchschmerzen. Statt Spaß am Lernen zu haben, werden diese Kinder durch die Schule krank.

Dominik ist der Sohn einer Familie aus unserem Bekanntenkreis. Er ist neun Jahre alt und besucht die dritte Klasse einer Grundschule. Als wir unlängst zum Essen bei seinen Eltern eingeladen waren, fragte er mich, was ich von Beruf sei. Ich antwortete: »Lehrer.« Dominik sah mich erschrocken an, und seine Mutter warf ein, ihr Sohn habe gerade einige Probleme in der Schule. »Erzähl ruhig, was dir letztens passiert ist.« Dominik blieb still. Umso mehr sprudelte es aus der Mutter hervor: »Unser sonst so gutgelaunter Dominik leidet unter Schulphobie.« Schon abends klage er über Bauchweh, und seit einiger Zeit gehe er morgens nur höchst widerwillig zur Schule. Ich fragte nach, ob es dafür einen konkreten Anlass gebe oder die Angst eher allgemein und unspezifisch sei. »Klar gibt es Gründe für Dominiks Verhalten«, erklärte die Mutter. »In der dritten Klasse hat er eine neue Lehrerin bekommen, so eine vom alten Schlag, und die hat den Kindern gleich zu Anfang mitgeteilt, dass ab sofort auf den Übertritt ins Gymnasium hingearbeitet werde. Deshalb müssten sie sich jetzt ordentlich anstrengen, um gute Noten zu bekommen.«

Dominiks Verhältnis zu seiner Lehrerin sei mehr als angespannt, fuhr die Mutter fort. Kürzlich sei er weinend nach Hause gekommen, weil er nicht mehr neben seinem besten Freund sitzen durfte. Die Lehrerin habe erklärt, dass die bestehende Sitzordnung aufgehoben sei und durch ein rollierendes System ersetzt werde, bei dem die Banknachbarn von Zeit zu Zeit wechseln. Dominik sitze jetzt ausgerechnet neben einem Wiederholer, der sich mit dem Lernen schwertue. Der negative Einfluss habe sich sogar schon auf seine Noten niedergeschlagen. Außerdem fühle er sich von der Lehrerin ungerecht behandelt. Als er sie bei der letzten Mathearbeit um Rat fragen wollte, sei er mit der Begründung zurückgewiesen worden, dass sie jetzt nicht mehr sagen könne und er den Aufgabentext noch einmal lesen solle. Außerdem habe sie ihm seine Bitte, sich während der Arbeit woanders hinsetzen zu dürfen, einfach abgeschlagen. »Dabei ist unser Dominik ein so verständnisvolles und leistungswilliges Kind. Er will unbedingt aufs Gymnasium.«

Ich riet den Eltern, das Gespräch mit der Lehrerin zu suchen, um Dominik den Weg zu einer freundlichen Aussprache mit ihr zu ebnen. Wie sich herausstellte, hatte die Mutter bereits interveniert: »Als ich Dominik gestern von der Schule abgeholt habe, habe ich ihr mal richtig die Meinung gesagt. Und zwar, dass es so nicht weitergeht und wir jetzt die Schulleiterin einschalten werden.«

Die Situation war offensichtlich schon ziemlich eskaliert und eine friedliche Lösung des Konflikts mehr oder weniger aussichtslos – vor allem eine Lösung im Sinne des Jungen, der als Betroffener zwischen die zwei »feindlichen« Lager geraten war und nun so gut wie keine Chance mehr hatte, sein Schicksal selbst in die Hand zu nehmen.

Sicherlich ist es gut gemeint, wenn Eltern ihre Kinder vor Lehrern in Schutz nehmen. Aus Sicht des Kindes ist so etwas aber eine Einmischung in die eigene Erfahrungswelt. Ein Satz wie: »Wir werden es deiner Lehrerin schon zeigen und die Schulleitung informieren«, lässt das Kind die eigene Ohnmacht spüren und schwächt dadurch sein Selbstvertrauen. Ihm wird gewissermaßen die Fähigkeit abgesprochen, mit der Situation selbst fertig zu werden. Dabei haben Kinder durchaus Möglichkeiten, ihre schulischen Probleme allein oder gemeinsam mit ihren Lehrerinnen oder Lehrern zu lösen.

In Momenten, in denen Eltern sich hochemotional

in schulische Angelegenheiten einmischen, erfährt das Kind auch, wie wichtig seine schulischen Leistungen für das Wohlergehen seiner Eltern sind und wie schmerzlich sein Versagen von ihnen empfunden wird. Manche Eltern erleben schlechte Schulleistungen ihrer Kinder geradezu als persönlich abwertend, als indirekte Schuldzuweisung an sie. Da jedes Kind seinen Eltern gefallen und sie vor allem nicht enttäuschen möchte, wird dadurch die Versagensangst verstärkt, was neuen Stress produziert.

Kinder stark zu machen heißt nicht, sich immer und überall einzumischen und womöglich anderen die Schuld für Fehlentwicklungen zuzuweisen, die auf eigenes Verhalten oder nichtschulische Einflüsse zurückgehen. Stark macht Kinder, wenn ihre Eltern sie unterstützen und ihnen unabhängig von ihrer schulischen Leistung Wertschätzung entgegenbringen. Stark macht Kinder, wenn Eltern an sich und ihre Kinder glauben und das Thema Schulerfolg nicht fortwährend thematisieren. Und es macht Kinder stark, wenn die Eltern darauf vertrauen, dass ihr Nachwuchs in der Lage ist, Probleme aus eigener Kraft zu lösen.

Wenn Dominiks Eltern beispielsweise versucht hätten, ihm zu erklären, dass die Lehrerin während der Klassenarbeit niemanden bevorzugen darf, oder wenn sie ihn ermutigt hätten, ihr einen Brief zu schreiben, um seine Sicht der Dinge darzustellen, hätte er die Chance gehabt, für sich selbst einzutreten. Das hätte sein Selbstvertrauen gestärkt und das Verhältnis zwischen ihm und seiner Lehrerin auf eine stabilere Basis gestellt.

Woran liegt es, wenn Schüler Angst vor der Schule haben? Wenn sie Schweißausbrüche, Bauchweh, Kreislaufprobleme oder sogar Herzrhythmusstörungen bekommen? Vorschnell könnte man die alleinige Ursache in der Schule, in der mangelnden Empathie oder fehlenden Sozialkompetenz der Lehrer vermuten. Dem widersprechen allerdings die Ergebnisse verschiedener Studien. Britische Forscher von der Universität Bath haben zum Beispiel herausgefunden, dass das Stresshormon Kortisol bei Kindern bereits Monate vor der eigentlichen Einschulung ansteigt. Die Wissenschaftler vermuten, dass die Anspannung der Eltern vor dem Schulstart sich auf die Kinder überträgt und es so zum Anstieg des Stresshormons kommt.[3]

Gegen eine einseitige Verantwortung der Lehrer für die grassierende Schulangst sprechen auch die Aussagen von Schülerinnen und Schülern: Das LBS-Kinderbarometer 2009 attestiert Lehrern, dass sie ihren Schülern seit Beginn des Erhebungszeitraums im Jahr 1998 offensichtlich immer aufgeschlossener begegnen. Das zeigt sich vor allem darin, dass der Wunsch der Kinder nach einer Veränderung ihrer Lehrer eher abnimmt, die Schüler sich im Unterricht häufiger trauen nachzufragen und verstärkt eigene Themen einbringen können. Schüler sind demnach mit ihren Lehrern zufriedener als vorher.

Auch die Eltern werden von den Kindern im Schnitt besser bewertet als noch vor zehn Jahren. Nach Meinung der Kinder wollen sie seltener ihre Ruhe haben als früher, reden häufiger mit ihren Kindern über deren

Probleme, unterstützen sie bei den Hausaufgaben und bieten eine Fülle von Freizeitangeboten an.

Aber woher kommt dann der Druck? Die von der Konrad-Adenauer-Stiftung 2008 herausgegebene Sinus-Studie »Eltern unter Druck« kommt zu dem Schluss, dass 75 Prozent der Eltern den Schulabschluss ihres Kindes für sich persönlich als »sehr wichtig« empfinden.[4] Nach dem Verständnis der Bildungsemanzipation der späten sechziger Jahre verschafft Bildung Zugang zu Erfolg und Macht, und so versuchen viele ehrgeizige Eltern – vor allem Akademiker –, die Bildung für ihre Kinder zu maximieren, koste es, was es wolle.

Dass gehobene Schul- und Bildungsabschlüsse heutzutage wegen der veränderten Lage auf dem Arbeitsmarkt aber nicht mehr automatisch einen hohen sozialen Status bedeuten und zu beruflichem Erfolg führen, wird dabei vielfach als Versäumnis der Schulen angesehen. Den Absolventen der Haupt- und Realschulen fehle heute oft die Ausbildungsreife, heißt es, und viele Abiturienten seien den universitären Anforderungen nicht mehr gewachsen. Entsprechend ist das Vertrauen in das öffentliche Schulwesen rapide gesunken. Eltern flüchten scharenweise in das System der privaten Bildungsangebote und trösten sich damit, alles (finanziell) Mögliche für ihre Kinder getan zu haben. Mittlerweile besucht jeder vierzehnte Schüler in Deutschland eine Privatschule.

Bei vielen Eltern ist offensichtlich der Druck, ihrem Kind die beste erdenkliche Schulbildung zukommen zu lassen, so hoch, dass sie bereit sind, erhebliche finanzielle und organisatorische Belastungen, wie zum Beispiel weite Schulwege, auf sich zu nehmen. Mit der »richtigen« Schulwahl meinen sie, schon die Eintrittskarte für ein erfolgreiches Leben gelöst zu haben. Auch Dominiks Eltern liebäugeln mit einem Schulwechsel ihres Jüngsten: Das Privatgymnasium, das sein älterer Bruder bereits besuche, habe einen Grundschulzug eingerichtet, erklärte mir seine Mutter. Privatschulen seien ohnehin die bessere Alternative, weil sie kleinere Klassen hätten, die Lehrer verständnisvoller seien und Kinder wie Dominiks leistungsschwacher Banknachbar außen vor blieben.

Ob diese Beobachtung im konkreten Einzelfall zutrifft, sei dahingestellt. Es sollte aber nicht unerwähnt bleiben, dass nicht wenige Privatschulen zum Sammelbecken für schwache und vor allem schwierige Schüler werden, die in staatlichen Schulen nicht zurechtkommen. Selbst wenn eine Privatschule aufgrund ihres guten Rufs großen Zulauf hat und die Schüler handverlesen sind, so dass relativ homogene Lerngruppen entstehen, bedeutet das noch nicht, dass ein Schulwechsel und das damit verbundene Herausreißen aus der gewohnten sozialen Umgebung für Kinder wie Dominik von Vorteil sind. Menschen reifen schließlich durch Erfahrungen, auch und gerade durch Erlebnisse in der Schule. So kann es durchaus fruchtbar sein, jenseits der direkten Erfolgsorientierung Erfahrungen mit Menschen zu sammeln, die anders sind, die einer anderen sozialen Schicht angehören, die anders lernen, einen anderen familiären Hintergrund haben. Es ist nicht immer der schnelle, der gerade, der vermeintlich erfolgreiche Weg, der Menschen glücklich macht.

Aber nicht nur die große Bedeutung, die der Schulabschluss ihrer Kinder für Eltern heute hat, ist verantwortlich für den zunehmenden Druck, der auf Schülerinnen und Schülern lastet, und für die damit verbundene, weitverbreitete Schulangst. Eine andere Ursache liegt darin, dass die gesellschaftliche und wirtschaftliche Entwicklung zu einer Veränderung des Bildungsbegriffs geführt hat. Bildung ist zur frei verfügbaren Ressource einer Wissens- und Informationsgesellschaft geworden, der »gebildete Mensch« zum bloßen Manager von Wissen und Information. Ein exzellenter Schüler zeichnet sich heute vor allem dadurch aus, dass er in immer kürzerer Zeit immer mehr Lernstoff bewältigen kann. Auch das führt natürlich zu einer Erhöhung des Leistungsdrucks.

Wie viel sinnvoller wäre es, wenn wir uns auf die Bildungsideale eines Wilhelm von Humboldt besinnen würden, der sich schon vor zweihundert Jahren gegen das Einpauken von Fakten, Zahlen und Regeln aussprach. Humboldt zufolge soll Bildung die Basis schaffen, auf der die Persönlichkeit reifen kann und sich die vielfältigen musischen, naturwissenschaftlichen oder handwerklichen Fähigkeiten des Heranwachsenden weiterentwickeln. Bei alledem, forderte der Gelehrte, müsse sich Bildung von wirtschaftlichen Interessen frei machen. Und wenn er sagt, der Mensch solle danach streben, »so viel Welt als möglich zu ergreifen und so eng, als er nur kann, mit sich zu verbinden«[5], meint

Humboldt sicher nicht, dass wir mit riesigem technischen Aufwand versuchen sollen, den Datenfluss der Informationsgesellschaft im Lernprozess zu optimieren. Vielmehr sollen wir den Kindern helfen, die Welt um sie herum zu verstehen und sich als Teil dieser Welt zu begreifen.

Selbst wenn es gelänge, das gesamte enzyklopädische Wissen unserer Zeit in den Köpfen der Kinder zu speichern, könnten sie zwar in Günther Jauchs Show Millionär werden, würden aber doch gänzlich ohne Erkenntnis bleiben. In unseren Schulen muss es deshalb neben der Wissensvermittlung vor allem darum gehen, dass die Schüler das Erlernte durch eigenständiges Denken in Erkenntnisse umwandeln, die es ihnen erlauben, die Zusammenhänge zwischen den verschiedenen Wissenselementen zu verstehen.

Richtig verstandene Bildung bedeutet einen Zuwachs an persönlicher Erkenntnis. Sie dient nicht nur der beruflichen Qualifikation und dem beruflichen Erfolg, und sie ist mehr als ein in Geldwerten messbares Gut der Wissensgesellschaft. In einem Schulsystem, dem dieser umfassende Bildungsbegriff zugrunde liegt, wäre es Kindern möglich, sich ohne ökonomischen Druck und vielleicht auch ohne Schulstress und Versagensangst zu gebildeten Menschen zu entwickeln.

Schulängste sind aber nicht die einzigen Ängste, unter denen Kinder heute vermehrt leiden. Studien belegen eine dramatische Zunahme von Ängsten bei Kindern und Jugendlichen. Teilweise übernehmen sie die existentiellen Sorgen ihrer Eltern wie beispielsweise die Angst vor dem Arbeitsplatzverlust. Oder sie fürchten sich vor den Auswirkungen der Finanzkrise. Mehr als drei Viertel der Jugendlichen in Deutschland machen sich über den Zustand der Welt in zwanzig Jahren Sorgen. Rund 40 Prozent sind sogar sehr besorgt. Die Ängste der Kinder und Jugendlichen beziehen sich laut LBS-Kinderbarometer zu etwa drei Viertel auf das Armutsproblem, den Klimawandel, die Rohstoffverknappung, Krankheiten, Seuchen sowie Kriege und bewaffnete Konflikte. Das bedeutet, dass nur ein Viertel ihrer Sorgen unmittelbar mit ihrem eigenen Leben zu tun haben, was erstaunlich ist für Heranwachsende, die in dieser Lebensphase oft eher mit sich selbst und ihren Altersgenossen beschäftigt sind.

Eine der Ursachen für diese Entwicklung liegt sicher in der Berichterstattung der Medien, die nach dem Motto »Bad news is good news« vorgehen. Die Kinderzimmer bieten keinen Schonraum mehr. Informationen über Katastrophen aller Art werden ungehindert hineingeschwemmt, schüren die Ängste der Kinder und bereiten ihnen schlaflose Nächte. Darüber hinaus trägt auch der Zeitgeist unserer beschleunigten Gesellschaft zur Verunsicherung junger Menschen bei. Wenn Kultur und Tradition durch die Gesetze des Marktes, nach denen der Starke gewinnt und der Schwache verliert, ersetzt werden, dann gibt es nur noch ein Bewertungsmuster für das eigene Leben: Entweder man steht auf der Gewinnerseite oder auf der Verliererseite.

Um in dieser rauen Welt der Konkurrenz, des Konsums und der Reizüberflutung nicht unterzugehen, brauchen Kinder dringend Schonräume. Gewähren wir ihnen nicht die notwendige Zeit, um sich an die Komplexität der Erwachsenenwelt zu gewöhnen, überfordern wir sie und schaden damit nachhaltig ihrer Entwicklung.

Vom Problem zur Lösung

Kinder sind vor allem dann unglücklich und werden auffällig, wenn sie körperlich, sozial oder psychisch überfordert sind. Es ist durchaus verständlich, dass besorgte Eltern in solchen Fällen einen schützenden Mantel der Krankheit um ihre Kinder legen wollen, oder dass sie versuchen, Fehlverhalten auf widrige äußere Umstände zurückzuführen, denn so wird zumindest teilweise erklärbar, warum der Nachwuchs die in ihn gesetzten Erwartungen nicht erfüllt. Gleichzeitig wird man selbst von der Last der Verantwortung befreit.

Was aber passiert mit einem Kind, dessen Sonderstatus verhindert, dass es sich selbst, seine Stärken und Schwächen kennenlernt? Was geschieht mit einem ruhiggestellten kleinen Tyrannen, dessen zerstrittene Eltern sich gegenseitig darin übertreffen, das Kind durch Nachgiebigkeit an sich zu binden? Und wie entwickelt sich ein jähzorniges Kind, das im Elternhaus, beim Computerspiel oder auf der Straße gelernt hat, dass man mit Aggression und Gewalt die Wertschätzung und den Respekt anderer erhält? Vor allem: Was passiert, wenn diese Kinder aus der Schule ins Leben entlassen werden?

Leider löst weder übermäßiges Verständnis für die missliche Lage vermeintlich schwacher oder ängstlicher Schüler noch die rigorose Einschüchterung aggressiver Störenfriede das Problem. Nur im konstruktiven sozialen Miteinander kann der Heranwachsende sich zur Person, zur eigenen Persönlichkeit entwickeln. Ein Bewusstsein von sich selbst entsteht nämlich durch die bewusste Wahrnehmung der eigenen Handlung und durch die Rückmeldung des Gegenübers. Ein Kind, dem im Elternhaus alles erlaubt wird und das deshalb nicht erfahren hat, dass wechselseitige Rücksichtnahme die Voraussetzung für ein funktionierendes Miteinander ist, wird schwerlich verstehen, wenn der Lehrer es mit der Macht seiner Amtsautorität ermahnt, seinen Banknachbarn nicht zu drangsalieren.

Die Integration von Kindern und Jugendlichen in die Gemeinschaft beruht zunächst vor allem auf der gelungenen Bindung zwischen Eltern und Kindern. Die Familie in ihren vielen unterschiedlichen Ausprägungen ist nach wie vor der erste und entscheidende Ort, an dem die Grundlagen für ein glückliches Leben gelegt werden. Gegenseitige Achtung und Wertschätzung, die Sorge füreinander und ein Gespür für den Sinn des Lebens werden im einfühlsamen Austausch mit den Familienmitgliedern gelernt. Dabei nehmen die Eltern eine Vorbildfunktion ein und sollten eventuelle eigene Probleme wie Arbeitslosigkeit, Krankheit oder Scheidung als Herausforderung verstehen, die es zu meistern gilt.

Nur wer selbst erwachsen genug ist, um Verantwortung für sich und sein Handeln zu übernehmen, kann diese Fähigkeit auch bei seinen Kindern fördern. Kinder sollten dabei immer als Kinder wahrgenommen und nicht überfordert werden. Zum Beispiel sind sie nicht die geeigneten Partner, um Erwachsenen in Lebenskrisen beizustehen.

Wenn es Kindern gelingen soll, in einer Welt der Reizüberflutung, des Konsums und der überhöhten Anforderungen und Erwartungen nicht unterzugehen, sondern nachhaltig glücklich zu werden, brauchen sie vor allem Eltern, an denen sie sich orientieren können, die an ihre Stärken glauben und ihnen Halt geben.

Außerhalb des Elternhauses fällt der Schule die wichtige Aufgabe zu, Zuversicht und Selbstvertrauen in Kindern und Jugendlichen zu stärken und sie bei der Übernahme von Verantwortung für sich und andere zu unterstützen. In der Willy-Hellpach-Schule gibt es beispielsweise eine von den Schülern selbst verwaltete Cafeteria. Hier können die Jugendlichen authentisch wirtschaftlichen Erfolg oder Misserfolg erleben. Sie lernen, mit Erwachsenen zusammenzuarbeiten, und übernehmen teilweise auch Verantwortung für Beschäftigte der »Juniorenfirma«.

Die Persönlichkeit eines Menschen entwickelt sich durch Erfahrungen, die er bei der Bewältigung von Schwierigkeiten und Problemen macht, weiter. Eine Krise oder »schwierige Phase« bietet Kindern und Jugendlichen also die Möglichkeit, sich selbst besser kennenzulernen und verschiedene Lösungswege zu erproben. Wichtig ist aber, dass wir ihnen die Lösungen nicht vorgeben, sondern gemeinsam mit ihnen erarbeiten. Es käme auch niemand auf die Idee, bei der Beratung eines Unternehmens, das sich in der Krise befindet, Maßnahmen einfach zu verordnen, ohne die Meinung der Experten aus dem Betrieb mit einzubeziehen. Kinder sind in gewisser Weise Experten für sich und ihr Verhalten. Was ihnen jedoch oftmals bei der Entwicklung einer eigenen Identität fehlt, ist der Blick von außen. Diesen blinden Fleck gilt es zu erhellen, damit das Selbstbild des Kindes um das Fremdbild ergänzt wird.

Beim Umgang mit auffälligem Verhalten von Kindern und Jugendlichen ist es deshalb wenig sinnvoll, im Sinne der pathogenetischen Betrachtungsweise nur die störenden Symptome in den Blick zu nehmen, indem man sie sanktioniert, entschuldigt oder therapeutisch behandelt. Deutlich erfolgversprechender ist es, die Fähigkeit der Kinder und Jugendlichen zu Selbstkontrolle und Selbstverantwortung zu stärken, indem man ihnen dabei hilft, ihr eigenes Empfinden und Verhalten zu steuern. Dazu ist es notwendig, den Blick von den Krankheiten und Problemen abzuwenden und sich zu fragen, wie physische und psychische Gesundheit entsteht.

Der amerikanisch-israelische Medizinsoziologe Aaron Antonovsky entwickelte im letzten Drittel des vergangenen Jahrhunderts das Konzept der Salutogenese, das sich mit der Entstehung und dem Erhalt von Gesundheit beim Menschen befasst, im Gegensatz zur Pathogenese, die nach dem Ursprung von Krankheiten fragt. Kern von Antonovskys Untersuchungen war die Frage, warum manche Menschen bei gleichen äußeren Belastungen wie zum Beispiel Traumata oder Entbehrungen gesünder bleiben als andere. Er fand heraus, dass Menschen, die sich durch Hindernisse nicht aus der Bahn werfen lassen, die das Leben als Herausforderung verstehen, physisch und psychisch robuster sind als andere.

Ausschlaggebend dafür, wie gesund jemand unter widrigen Umständen bleibt, ist laut Antonovsky sein »Sense of Coherence« (SOC) oder Kohärenzgefühl. Das Kohärenzgefühl ist eine individuell unterschiedliche Grundhaltung der Welt und dem eigenen Leben gegenüber, die sich aus drei Komponenten zusammensetzt: dem Gefühl der Verstehbarkeit, dem Gefühl der Handhabbarkeit und dem Gefühl der Sinnhaftigkeit. Je größer das Kohärenzgefühl eines Menschen ist, desto weniger gesundheitlichen Schaden können äußere Belastungen bei ihm anrichten.

Ein starkes Kohärenzgefühl zeichnet sich durch folgende Merkmale aus: Der betreffende Mensch vertraut darauf, dass er sich in der Welt orientieren kann (Verstehbarkeit), dass er Ressourcen aktivieren kann, um Situationen zu meistern (Handhabbarkeit), und vor allem vertraut er darauf, dass das Leben sinnvoll ist, dass es sich lohnt, Herausforderungen anzunehmen und Energie in die Lösung von Problemen zu stecken (Sinnhaftigkeit). Dieses letzte Merkmal sieht Antonovsky als entscheidend an, denn wenn ein Mensch keine positiven Erwartungen an das Leben hat und keinen Sinn in dem sieht, was er tut, kann er seine Kraftressourcen nur schwer aktivieren.

Das Konzept der Salutogenese verdeutlicht, wie wichtig es ist, eine positive Grundhaltung in unseren Kindern und Jugendlichen zu fördern. Die genannten Merkmale sind schließlich genau die persönlichen Eigenschaften, die wir ihnen wünschen, damit sie an sich glauben, die Herausforderungen einer immer komplexeren Welt annehmen und darauf vertrauen, dass sie sie bewältigen können.

Mit der Einführung des Schulfachs Glück haben wir an der Willy-Hellpach-Schule den Versuch unternommen, die Persönlichkeitsmerkmale zu stärken, die zu einem ausgeprägten Kohärenzgefühl führen. Der Wiener OECD-Beauftragte für Sozialforschung, Professor Ernst Gehmacher, hat in Anlehnung an Antonovsky einen »SOC-Test« bei uns durchgeführt, um das Kohärenzgefühl der Schüler zu messen, die über ein Jahr an unserem Glücksunterricht teilgenommen hatten. Die »Glücksschüler« wiesen in Bezug auf die Merkmale Verstehbarkeit, Handhabbarkeit und Sinnhaftigkeit gegenüber einer Kontrollgruppe deutlich höhere Werte auf. Ähnlich gute Ergebnisse wurden bei einer Befragung von Hauptschülern einer achten Klasse festgestellt, die nach einem halben Jahr Unterricht im Schulfach Glück ein stärkeres Kohärenzgefühl als eine vergleichbare Kontrollgruppe aufwiesen.[6]

Diese Testergebnisse lassen hoffen, dass wir mit dem Unterricht im Fach Glück auf dem richtigen Weg sind. Aber auch unabhängig von diesem Projekt scheint

es dringend geboten, umzudenken und die Erkenntnisse, die uns Verhaltensforscher, Sportwissenschaftler,
Neurobiologen und Neuropsychologen anbieten, im
täglichen Leben und vor allem in der Schule aktiv zu
nutzen.

Aus Krisen lernen

Der Traum vom Superstar

Wenn Kinder und Jugendliche durch die Erwartungen der Eltern und der Gesellschaft immer mehr unter Druck geraten und ihnen ihre Zukunft ungewiss oder gar düster erscheint, ist es dann verwunderlich, dass sich manche von ihnen in Traumwelten flüchten, die ihnen eine erfolgreiche Zukunft versprechen?

Erfolgreich zu sein ist für Heranwachsende enorm wichtig, weil Erfolg mit Anerkennung verbunden ist und zu einem höheren sozialen Status führt. Nichts ist schlimmer für Kinder und Jugendliche, als ein »Loser« oder »Opfer« zu sein, wie sie es nennen. Deshalb ist es problematisch, wenn manche Medien suggerieren, man könne binnen kurzer Zeit vom Niemand zum bewunderten Superstar oder Topmodel werden. Bei Jugendlichen, die besonders hungrig nach Anerkennung sind, fallen derartige Versprechungen auf fruchtbaren Boden und führen zu unrealistischen Erwartungen.

Materielle Bedürfnisse können in einer Wohlstandsgesellschaft zumeist befriedigt werden, aber das genügt natürlich nicht, um glücklich zu sein. Als soziale Wesen brauchen wir alle auch in hohem Maße die Akzeptanz unserer Mitmenschen. Um die Aufmerksamkeit anderer zu erringen und in ihren Augen einen Wert zu erlangen, bedarf es heute mehr als eines gesicherten Einkommens, extravaganter Kleidung oder traditioneller Statussymbole wie Luxuskarossen. Wer als etwas Besonderes gelten und von Heranwachsenden zum Vorbild auserkoren werden will, muss schon einen gewissen Glamourfaktor mitbringen. Zu keiner Zeit war der Starkult so ausgeprägt wie heute. Schauspieler, Sänger und Models, Profifußballer und Fernsehmoderatoren genießen uneingeschränkte Bewunderung, nicht nur bei Jugendlichen: Laut einer Umfrage des Emnid-Instituts wünschen sich mittlerweile die Hälfte aller Deutschen Günther Jauch als Bundeskanzler.

Casting-Agenturen haben die Sehnsüchte junger Menschen erkannt und bieten ihre Hilfe an. Um endlich entdeckt zu werden, zahlen Jugendliche oder manchmal auch ihre ehrgeizigen Eltern erhebliche Gebühren für die Aufnahme in eine Model- oder Schauspielerkartei. Das verbessert zwar in den seltensten Fällen die Erfolgsaussichten, vermittelt aber den Eindruck, eine Chance zu nutzen.

In Computerspielen wie »Second Life« können junge Menschen kostenlos einen virtuellen Vorgeschmack auf das »andere Leben« mit seinen vermeintlichen Freiheiten bekommen. Sie testen neue Formen der Lebensführung, stellen sich zur Schau und genießen als Voyeure die Zurschaustellung der anderen. Sie inszenieren und designen sich auf MySpace, Facebook und anderen Internetplattformen. Die Frage nach der eigenen Identität wird nicht durch innere Betrachtung, sondern durch die Anzahl der virtuellen Freunde oder der Verweise bei Google beantwortet. Der Begriff Selfmademan bekommt dadurch eine ganz neue Bedeutung. Jugendliche, aber nicht nur sie, kreieren sich ihr »Selbst« in immer stärkerem Maße durch digitale Spuren im Internet. Allerdings vergessen sie dabei oftmals, dass, ähnlich wie bei einem Tattoo, die Langzeitwirkung sehr unangenehm sein kann. So kann zum Beispiel der witzig gemeinte Film von der letzten Party, der bei YouTube zu sehen ist, verhängnisvolle Auswirkungen haben. Nicht nur, dass vielleicht beim nächsten Einstellungsgespräch der Personalchef ausgerechnet auf dieses peinliche Video zu sprechen kommt und der Jobsuchende in Erklärungsnot gerät. So ein Filmchen kann auch zu einem dauerhaften Makel werden, weil es von jedem, der es heruntergeladen hat, auch wieder hochgeladen werden kann bis in alle Ewigkeit.

Träumen ist natürlich erlaubt und im Prinzip alles andere als schädlich. Kinder brauchen Wunschträume und Luftschlösser, aus denen Sehnsüchte und später vielleicht feste Absichten oder Ziele entstehen können.

Randy Pausch, der als Professor für Informatik an der Carnegie Mellon University in Pittsburgh, Pennsylvania, lehrte und unheilbar an Pankreaskrebs erkrankte, beschreibt in der letzten Vorlesung vor seinem Tod, wie wichtig es ist, eigene Träume zu haben und sie auch zu verwirklichen. An der Universität habe er immer wieder erlebt, wie Studenten kläglich scheiterten, wenn sie versuchten, die Träume ihrer Eltern zu realisieren. Pauschs Ratschlag an seine eigenen Kinder lautete deshalb: »Zerbrecht euch nie den Kopf, was ich gerne gesehen hätte. Ich will, dass ihr das werdet, was ihr werden wollt.«[7]

Damit meinte er sicher nicht, dass es ratsam ist, jeden Wunschtraum eins zu eins umzusetzen. Vielmehr geht es darum, sich darüber klarzuwerden, was nur Träumerei ist, vielleicht sogar Realitätsflucht, und welche Träume sich zu verfolgen lohnen. Eltern und Lehrern fällt die Aufgabe zu, die Träume und Sehnsüchte der Kinder und Jugendlichen ernst zu nehmen und ihnen dabei zu helfen, konkrete Vorstellungen und Lebensziele daraus zu entwickeln. Denn um realistische Lebensziele zu finden, braucht es Erfahrungen, die Heranwachsende im Allgemeinen noch nicht haben. So kommt es, dass sie sich vielfach mit Vorbildern aus den Medien identifizieren und ihnen nacheifern möchten. In einem Zeitalter großer Verführungen sind Kinder und Jugendliche darauf angewiesen, dass Erwachsene ihnen helfen, Schein und Sein zu unterscheiden.

In meiner Jugend war es das Höchste, als Musiker in einer Band zu spielen und von weiblichen Fans umringt zu werden. Die Beatles hatten uns gezeigt, dass das scheinbar mühelos möglich war. So wie sie auf der Bühne des Lebens zu stehen, mit Ruhm, Erfolg und allem, was dazugehört, war auch mein Traum. Leider bin ich nicht besonders musikalisch, deshalb ist dieser Traum, wie es mit Träumen häufig passiert, auch schnell verflogen. Trotzdem blieb mir für meine Selbstdarstellung eine kleine Bühne: die in den sechziger Jahren bei Jugendlichen so beliebten Tanztees mit Livemusik, auf die wild getanzt wurde. Dort hatte man schnell das Gefühl dazuzugehören, ein Eindruck, der noch verstärkt wurde durch die den Jungs aus Liverpool abgeguckte Einheitsfrisur und die dandyhafte Kleidung, von der wir dachten, dass sie uns unwiderstehlich machte. Diese Meinung teilten zwar nur wenige Erwachsene mit uns, doch das verstärkte unsere Begeisterung eher noch.

Zu den neuesten Errungenschaften der damaligen Zeit gehörten auch die Musikwettbewerbe, die in Stadthallen oder Gemeindesälen durchgeführt wurden und bei denen vorwiegend Bands, aber auch Solisten auftraten. Am Ende stimmte das Publikum darüber ab, wer seine Sache am besten gemacht hatte. Die Sieger wurden zwar besonders gefeiert, aber die Verlierer erhielten ebenfalls noch jede Menge Beifall, wenn auch manchmal mehr für den Mut, überhaupt teilzunehmen, als für die Darbietung selbst. Für die Musiker war das eine gute Gelegenheit, sich vor einem überschaubaren Publikum auszuprobieren oder sich auch einfach nur auszutoben.

Inzwischen sind solche Wettbewerbe zu Superevents geworden, die von sämtlichen Medien aufgegriffen und mit möglichst glamourösen und emotional anrührenden Storys begleitet werden. Die Teilnehmer quälen sich durch die Castings und Vorentscheidungen, und zur Erheiterung des Publikums gibt es zwischendurch jede Menge witzige oder witzig gemeinte Kommentare der mit Prominenten besetzten Jury, die gerne auch mal unter die Gürtellinie gehen. Die Grenze zwischen dem Traumziel »Superstar« oder »Topmodel« und dem Alptraum »Opfer« ist hier fließend. Nach vielen Sendungen wird dann endlich der Sieger gekürt, der die Herzen der Fans höherschlagen lässt, allerdings meist nur für kurze Zeit.

Dass diese TV-Formate im Hinblick auf den Jugendmedienschutz grenzwertig sind, liegt auf der Hand. Die kommerzielle Absicht der Fernsehsender führt zwangsläufig dazu, dass die redaktionelle Aufbereitung und die Inszenierung der Darbietungen darauf abzielen, die voyeuristische Haltung der Zuschauer anzuheizen. Dazu ist jedes Mittel recht. Die Kameras verfolgen die Jugendlichen auf Schritt und Tritt, immer auf der Suche nach der nächsten Story. Um das breite Publikum auch emotional zu fesseln, eignet sich das tränenreiche Telefonat mit den fassungslosen Eltern oder der Wutausbruch nach einem misslungenen Auftritt besonders gut. Für die Teilnehmer gibt es keinen Schutz der Privatsphäre, Rückzugsmöglichkeiten bleiben ihnen verwehrt. Die Jugendlichen dürfen ohne Gnade und Mitgefühl gedemütigt werden. Respektlosigkeit wird dadurch gesellschaftsfähig, und Verlierer bleiben auf der Strecke.

So erging es auch unserem achtzehnjährigen Schüler Cornelius, der sich erfolgreich für die Sendung »Deutschland sucht den Superstar« beworben hatte. Cornelius ist ein freundlicher, sehr beliebter Schüler, der uns bereits durch kleine Gesangsauftritte bei diversen Schulveranstaltungen begeistert hatte. Irgendwann war es dann so weit: Cornelius wollte Superstar werden. Der Weg dorthin kostet naturgemäß viel Zeit und Kraft, und die fehlten Cornelius fortan in der Schule. Im Laufe der sich über Monate hinziehenden Castings und Vorentscheidungen wurden seine Leistungen immer schlechter, er machte seine Hausaufgaben nicht mehr und war insgesamt fahrig und unkonzentriert. Schließlich sahen wir uns genötigt, ihn zu einem Gespräch zu bitten und gemeinsam mit ihm nach einer Lösung zu suchen. Leider halfen weder gutes Zureden noch der Hinweis, dass er das Schuljahr wahrscheinlich wiederholen müsse, wenn sich seine Leistungen nicht besserten. Cornelius wollte sich die Chance auf Erfüllung seines Traums vom Superstar einfach nicht entgehen lassen.

Da das Schuljahr für ihn ohnehin verloren war, beschlossen wir, ihn für die Dreharbeiten und Vorausscheidungen vom Unterricht freizustellen, auch in der Hoffnung, dass ihn unsere Unterstützung stärken und für das nächste Schuljahr motivieren würde.

Nach den Sommerferien war Cornelius immer noch im Rennen. Auf Einladung von Dieter Bohlen durfte er nach Berlin reisen, wo der Luxus eines Nobelhotels auf ihn wartete. Er hatte das Gefühl, fast schon ein Star zu sein. Wir freuten uns für ihn, waren aber auch skeptisch, ob dem schnellen Aufstieg nicht ein ebenso schneller Abstieg folgen könnte und die rasante Achterbahnfahrt durch die bunte Glitzerwelt der Medien am Ende womöglich großen seelischen Schaden anrichten würde.

In Berlin ging der Stress für Cornelius erst richtig los. Im Hotel wurde er innerhalb und außerhalb des Wettbewerbs unentwegt von Kamerateams verfolgt. Er schaffte sogar den Sprung unter die besten fünfzig Teilnehmer, aber der nächste Sprung unter die letzten fünfundzwanzig Kandidaten gelang ihm nicht mehr, und er schied aus.

Für Cornelius brach eine Welt zusammen. Als besonders hart empfand er, dass die ausgeschiedenen Teilnehmer sofort die Koffer packen und das Luxushotel verlassen mussten. Der Traum vom Superstar war für ihn wie eine Seifenblase geplatzt. Völlig zerknirscht machte er sich auf den Nachhauseweg.

In dieser schwierigen Zeit der »Niederlage« bekam er den dringend notwendigen Trost und die Unterstützung seiner Eltern, aber die Schule war für ihn erst einmal abgemeldet, denn er fürchtete sich vor den bohrenden Fragen seiner Mitschüler und Lehrer. Eine ganze Weile kam er gar nicht zum Unterricht, danach nur sehr sporadisch. Seine Leistungen wurden immer schlechter, dabei war eine weitere Wiederholung des Schuljahres wegen der vorangegangenen Nichtversetzung von vornherein ausgeschlossen. Ernste Ermahnungen der Lehrer folgten, und Cornelius gelobte Besserung, die aber nicht eintrat. An seine Versprechungen glaubte irgendwann niemand mehr, wahrscheinlich nicht mal er selbst.

Notgedrungen wurde eine Klassenkonferenz einberufen, an der neben Cornelius, allen betroffenen Lehrern und mir auch seine Eltern teilnahmen. Wieder gab es Versprechungen seitens des Jungen und die Bitte der Mutter um Verständnis wegen der übergroßen Frustration ihres Sohnes. Dann ergriff der Vater das Wort und brachte das Problem auf den Punkt: »Cornelius sitzt zu Hause und wartet darauf, dass er entdeckt wird.« Cornelius hatte die aktive Rolle des Gestalters gegen die des passiven Erdulders getauscht. In dieser Reglosigkeit verharrte er, unfähig, auch nur kleinste Entscheidungen zu treffen, geschweige denn, sein Schicksal selbst in die Hand zu nehmen.

Da alle bisherigen Interventionen erfolglos geblieben waren, beschlossen wir, Cornelius für einen Tag von der Schule auszuschließen, und drohten ihm für den Fall, dass er sein Verhalten nicht änderte, den endgültigen Schulausschluss an. Damit eine solche Maßnahme Schüler, die ohnehin schon viel Unterricht versäumt haben, nicht noch in ihrer Fehlhaltung bestärkt, ergänzen wir sie seit geraumer Zeit um weitere Auflagen. Am Tag des Ausschlusses muss der Schüler sich zur ersten Stunde im Sekretariat melden und das Protokoll der Klassenkonferenz unterschreiben. Unmittelbar danach muss er die Schule wieder verlassen, um eine umfangreiche Hausaufgabe anzufertigen.

Am Tag nach der Klassenkonferenz kam Cornelius in die Schule, unterschrieb das Protokoll und holte sich von mir die Themenstellung für seine Hausaufgabe ab. Ich forderte ihn auf, in Form eines Besinnungsaufsatzes folgende Fragen zu beantworten: Wie hast du dich vor dem Wettbewerb in der Familie, in der Schule und mit deinen Freunden gefühlt? Was haben diese Menschen für dich bedeutet? Was waren deine Gründe, um an dem Wettbewerb teilzunehmen? Mit welchen Gefühlen bist du nach Berlin gefahren, und wie bedeutungsvoll war die Begegnung mit den Stars und den anderen Kandidaten für dich? Welchen Anteil trägst du persönlich daran, dass du dein Ziel nicht erreicht hast? Siehst du auch etwas Gutes an deinem Ausscheiden aus dem Wettbewerb? Welche Ziele sind für dich in der Zukunft von Bedeutung, und welche Rolle spielt dabei die Schule?

Am nächsten Tag erschien Cornelius mit einem mehrseitigen Aufsatz bei mir. Darin beschrieb er sich als Träumer, der nun in seinem schönen Zuhause wieder aufgewacht sei. Zwar wolle er weiterhin ein Star werden, inzwischen habe er aber erkannt, dass nicht die vielen Castings, sondern die Schule ihm helfen könne, dieses Ziel zu erreichen. Das Showgeschäft sei ein hartes Geschäft, in dem es um viel Geld gehe und man nicht immer nur von fürsorglichen Menschen umgeben sei. Die Schule könne ihn stärken und dadurch in die Lage versetzen, in diesem rauen Klima zu bestehen. Mit dem Unterrichtsfach Wirtschaft könne er sich vor mancher finanziellen Dummheit schützen, und Englisch und Deutsch seien im Musikgeschäft ohnehin unabdingbar.

Mittlerweile ist einige Zeit vergangen, und es gibt keinerlei Beschwerden über Cornelius. Im Gegenteil, er ist freundlich, am Unterricht interessiert und erledigt zuverlässig seine Aufgaben. Und er hat sein Selbstvertrauen wiedergefunden: Unlängst durften wir erleben, wie er durch einen Gesangsauftritt seine Mitschüler für die von Paul McCartney begründete Initiative »Meat Free Monday« begeisterte, bei der es darum geht, aus Klimaschutzgründen den Fleischkonsum einzuschränken.

Im Anschluss an diese Veranstaltung fragte ich Cornelius, wie er die Zeit seiner Krise erlebt habe und was seiner Meinung nach der entscheidende Wendepunkt zum Guten war. Er erklärte mir, er sei damals sehr niedergeschlagen gewesen, denn er habe geglaubt, mit seiner Bewerbung bei »Deutschland sucht den Superstar« sei die Verwirklichung seiner Träume in greifbare Nähe gerückt. Die Niederlage habe ihn schwer getroffen: »Das, was in Berlin passiert ist, war wie der Einschlag eines Meteoriten auf meinem Lebensweg. Nichts war mehr wie vorher. Ich konnte weder vor noch zurück. Ich hatte einfach nur noch das Gefühl, auf der Stelle zu treten. Durch die Klassenkonferenz bin ich wieder in Bewegung gekommen.«

Das Erlebnis, in die Schule zu gehen, aber nicht dableiben zu dürfen, hat offenbar einen tiefen Eindruck bei Cornelius hinterlassen. Anschließend sei er nach Hause gegangen, erzählte er mir, und habe sich sehr schlecht gefühlt. Ihm seien tausend Gedanken durch den Kopf geschossen. Schließlich habe er – angeregt durch meine Fragen – begonnen, über die Zeit vor seinen Superstar-Träumen nachzudenken, und da seien ihm viele schöne Dinge eingefallen, auf die er nicht verzichten wolle. »Ich hatte das Gefühl«, sagte er, »den Weg bis zur Gabelung zurückzugehen. Dann habe ich mir ziemlich konkret meine Zukunft ausgemalt und gedacht, dass ich mit innerer Ausgeglichenheit und einer besseren Schulbildung mein Ziel viel leichter erreichen kann. Auf einmal hatte ich den ganz starken Wunsch, wieder dazuzugehören. Zum Glück haben mich meine Eltern, meine Klassenkameraden und meine Lehrer bei meiner Rückkehr ins schulische Leben sehr unterstützt.«

Cornelius' Beispiel macht deutlich, wie schwierig es

für Jugendliche manchmal sein kann, in einer für sie un-
überschaubaren Welt lohnenswerte Ziele zu finden. Das
Beispiel zeigt aber auch, dass wir Heranwachsende nicht
vor Rückschlägen bewahren können. Umso mehr sollten
wir ihnen helfen, nach einer Niederlage entweder neue
Ziele zu finden oder die alten Ziele zu modifizieren. In
jedem Fall müssen wir die Kinder und Jugendlichen
mental und emotional stärken, damit sie ihre eigenen
Ressourcen für einen erneuten Anlauf aktivieren können.

Cornelius beschreibt im Gespräch mit mir seine
Wanderung durch emotionale Höhen und Tiefen, oder
anders ausgedrückt, seine unterschiedlichen inneren
Zustände im Zusammenhang mit seinen Zielfindungs-
prozessen. Durch seinen Wunsch, Superstar zu werden,
hatte er das stabile Gleichgewicht des beliebten und an-
erkannten Mitschülers und Freundes verloren. Durch
den anfänglichen Erfolg und die damit verbundene positive Grundstimmung gelang es ihm, alle Ressourcen
für die Erreichung dieses Zieles zu aktivieren. Leider
musste er irgendwann die Niederlage in Kauf nehmen.
Der plötzliche Statusverlust und sein »Rauswurf« aus
dem Nobelhotel verstärkten die negativen Gefühle
und machten ihn handlungsunfähig. Er fiel in eine Art
Erstarrung, oder nennen wir es ein stabiles Ungleich-
gewicht. Cornelius hat es mit dem Bild des Meteori-
teneinschlags beschrieben, der die Veränderung herbei-
geführt hat.

Die Zerstörung seines bisherigen inneren Selbstbil-
des (»Ich bin kreativ, dynamisch, beliebt und mit mir zu-

frieden«) und der Verlust der bis dahin gültigen Werteordnung (»Ich strenge mich an und habe damit Erfolg«) führten dazu, dass er sich in seinen eigenen Augen in einen Verlierer, ein Opfer verwandelt hatte, mit allen negativen Konsequenzen. Seine Eltern erkannten zwar seine Passivität, verfügten aber über kein geeignetes Mittel, um ihn aus dieser hilflosen Lage zu befreien. Cornelius hatte einen Plan entwickelt, eine Konstruktion seiner Zukunft, die zusammengestürzt war. Nun wäre es darauf angekommen, entweder die gedankliche Ruine wieder aufzurichten oder aber gemeinsam nach einer passenden Alternative zu suchen. Zu den fünfzig besten Bewerbern bei »Deutschland sucht den Superstar« zu gehören ist schließlich anerkennenswert und beweist das Vorhandensein von Talent. Vielleicht wäre ein Musikstudium eine tragfähige Variante zum kometenhaften Auf- und Abstieg des Superstars gewesen. Der Trost und das Verständnis der Eltern waren zwar sehr wertvoll für Cornelius und haben sicherlich verhindert, dass er vollends in eine Depression verfiel. Neue Ziele konnte er aber dadurch für sich nicht finden.

Vielleicht wäre es sogar besser gewesen, wenn die Eltern ihm geholfen hätten, sich gleich ganz vom Wunschtraum Superstar zu verabschieden und einen klaren Trennstrich zu ziehen, vielleicht durch ein Ritual wie das Verbrennen der Einladung, der Zugkarte und aller übrigen Unterlagen. Jedenfalls irgendetwas, was ihn die alte Zeit hätte vergessen lassen und ein neues Zeitfenster geöffnet hätte.

Wir als Schule haben versucht, Cornelius durch den

eintägigen Schulausschluss und das damit verbundene Prozedere zunächst innerlich zu verunsichern, um ihm dann eine Neuorientierung zu ermöglichen. Auf die Weise gelang es uns, sein negatives Selbstbild zu erschüttern und ihm die Chance zu geben, ein verändertes, positiv besetztes Ziel für sich zu entdecken. Die schönen Erinnerungen an die Zeit vor der Superstar-Episode und die elterliche und schulische Unterstützung verliehen ihm dann neue emotionale Sicherheit und Kraft.

Ein wichtiger Moment für Cornelius war der, als er erkannte, dass durch eine fundierte schulische Ausbildung die Basis für eine Musikerkarriere gelegt werden kann. Das Ziel, ein Star zu werden, blieb zwar bestehen, aber der Schulbesuch war nun nicht mehr unnötige Zeitverschwendung, sondern ein Mittel zum Zweck, ein Zwischenziel auf dem Weg zur Erreichung des Lebensziels. Die Übereinstimmung zwischen dem eher langfristigen Lebensziel und dem kurzfristigen schulischen Ziel war dann auch der Auslöser für erneute schulische Aktivität. Cornelius hatte zwar die Unterstützung der Schule und des Elternhauses, aber letztlich hat er es aus eigener Kraft geschafft, wieder Fuß zu fassen, indem er seine Ressourcen entdeckt und genutzt hat.

Ein entscheidender Faktor bei diesem Prozess war der Perspektivenwechsel: Indem wir Cornelius' Blick salutogenetisch auf seine unverwundete, entwicklungsfähige Seite lenkten, ließen wir ihn als aktiven, eigenverantwortlichen Experten in eigener Sache agieren, der sich vom Problem weg und zur Lösung hin orientiert. Die Neudefinition seiner Ziele und deren positive Begleiterscheinungen, wie zum Beispiel die Freude aller Beteiligten über seine »Wiederauferstehung«, haben Cornelius' Ressourcen aktiviert, auf die er eine Zeitlang keinen Zugriff gehabt oder die er vergessen hatte.

Cornelius hat seinen Weg schließlich gefunden, aber seine Geschichte zeigt auch, wie wichtig es ist, die Persönlichkeit unserer Kinder und Jugendlichen systematisch zu stärken und ihnen bei der Entwicklung zur verantwortlichen Selbstbestimmung zu helfen, so dass sie frühzeitig lernen, aus unrealistischen Wunschträumen realistische Ziele zu entwickeln. Das heißt aber nicht, dass wir ihnen als Bergführer voranschreiten und sie auf dem Weg zum Ziel am Seil hinter uns herziehen sollen. Vielmehr müssen die Kinder erfahren, was es bedeutet, ihr Leben selbst in die Hand zu nehmen, selbst stark zu sein und etwas bewirken zu können. Sie müssen lernen, eigene Wege zu gehen und dabei Hindernisse aus dem Weg zu räumen. Das Rettungsseil der Erwachsenen sollte sie vor dem Absturz bewahren und ihnen die nötige Sicherheit geben, dass sie Risiken eingehen und Fehlschläge wegstecken können. Diese Form der Erziehung zur Mündigkeit verhindert, dass die Kinder und Jugendlichen nur das tun, was alle tun oder was andere von ihnen erwarten. Im Prinzip geht es darum, dass sie schrittweise die Fähigkeit entwickeln, ihre eigenen Bedürfnisse zu erkennen, denn nur so können sie wirklich frei entscheiden. Dazu müssen sie vor allem unterscheiden können, was sie selbst wollen und was andere von ihnen wollen. Sie entdecken so ihr Glück auch in der Balance zwischen Wollen und Sollen.

Das ist allerdings nicht immer einfach in einer materiell geprägten Welt, in der Wohlstand mit Wohlbefinden gleichgesetzt wird und in der Bedürfnisse nicht mehr in erster Linie eigenen Träumen und Sehnsüchten entspringen oder der elementaren Existenzsicherung dienen, sondern zunehmend durch geschickte Werbung künstlich geweckt werden.

Glück kann man nicht kaufen

Forschungsergebnisse deuten darauf hin, dass wachsender Wohlstand nur bis zu einer bestimmten Einkommenshöhe und auch nur in begrenztem Maße die Zufriedenheit der Menschen beeinflusst. 1974 fand der amerikanische Ökonom Richard Easterlin heraus, dass wirtschaftliches Wachstum das Wohlbefinden der Menschen nur so lange steigert, wie sie dadurch ihre existentiellen Grundbedürfnisse, also Wohnung, Nahrung, Kleidung usw., besser befriedigen können. Jenseits eines gewissen Sättigungspunktes führt zusätzliches Einkommen kaum noch zu einem gesteigerten Glücksempfinden.

Dies ist auch der Grund, warum das Wohlbefinden in den »reichen« Ländern in den letzten fünfundzwanzig Jahren stagnierte, obwohl sich das Bruttoinlandsprodukt im selben Zeitraum fast verdoppelt hat.[8] Ob Geld glücklich macht oder nicht, hängt also offenbar davon ab, wie viel man schon auf dem Konto hat, oder anders ausgedrückt, ob die Grundbedürfnisse gedeckt sind oder nicht. Für die mittlerweile zweieinhalb Millionen Kinder in Deutschland, die in armen Verhältnissen aufwachsen, ist der Zusammenhang zwischen Glück und Geld deshalb weitaus deutlicher spürbar als für das durchschnittliche Mittelschichtskind.

Wenn zu Hause das Geld knapp wird, leiden die Kinder oft besonders darunter. Die alleinerziehende Mutter der zwölfjährigen Zlatka trägt frühmorgens Zeitungen aus, weil das Arbeitslosengeld II vorne und hinten nicht reicht. Zlatka muss deshalb morgens alleine aufstehen. Oft verschläft sie aber und geht dann ohne Frühstück in die Schule. Ein paar Euro mehr könnten das Glücksempfinden der beiden wesentlich steigern, denn dann würde die Mutter, statt um fünf Uhr früh aus dem Haus zu gehen, ihre Tochter wecken und ihr das Frühstück zubereiten. Sie könnte Zlatka dann auch noch Mut für die bevorstehende Klassenarbeit zusprechen, sie an die Sportsachen erinnern, die sie sonst vergessen würde, und ihr zum Abschied einen Kuss auf die Stirn geben.

Und auch das Mehr an materiellen Möglichkeiten würde Zlatkas Wohlbefinden verbessern, denn dann müsste sie sich nicht länger aus der Gemeinschaft der Gleichaltrigen ausgeschlossen fühlen. Vielleicht könnte sie dann ab und zu mit Freundinnen ins Kino gehen und an der Klassenfahrt teilnehmen oder sich wenigstens gelegentlich ein paar schicke Markenklamotten kaufen, so wie ihre Klassenkameraden.

Menschen neigen dazu, sich mit anderen zu vergleichen. Das eigene Wohlbefinden hängt also nicht nur von der absoluten Einkommenshöhe ab, sondern auch von dem, was andere haben. Würden Zlatka und ihre Mutter bei gleichem Einkommen bei den Verwandten in Zagreb leben, wäre ihre subjektive Lebenszufriedenheit wahrscheinlich deutlich größer als hier, obwohl die Preise in Kroatien ähnlich hoch sind wie in Deutschland und sie sich dort auch nicht mehr leisten könnten. Da aber der allgemeine Lebensstandard in Kroatien niedriger ist, hätte Zlatka beim Vergleich mit anderen kroatischen Kindern keinen Grund, betrübt oder neidisch zu sein. Sie hätte dann vielleicht auch gar nicht das Bedürfnis, sich Markenkleidung zu kaufen.

In einer Gesellschaft, in der das Motto gilt: »Haste was, biste was«, fühlen sich Menschen, denen es finanziell schlechter geht als den meisten anderen, oft auch schlecht. Kinder, die ihre Mitschüler aus Scham über die ärmlichen Verhältnisse, in denen sie leben, nicht mit zu sich nach Hause nehmen mögen oder die aus Geldnot von schulischen Veranstaltungen und Freizeitvergnügungen wie Kinobesuchen ausgeschlossen sind, haben oft ein deutlich geringeres Selbstwertgefühl als andere. Und das bleibt nicht ohne Folgen.

Wen wundert es, wenn diese Kinder die Lust an der Gemeinschaft verlieren, weil sie weder mitreden noch materiell mithalten können. Kinder wollen im Ablösungsprozess von den Eltern zur Gruppe der Gleichaltrigen gehören, ihrer Peergroup. Das geht aber meist nur, wenn sie die Normen der Gruppe erfüllen, sei es in Bezug auf Kleidung, Musik oder Lebensstil. Wer nicht dazugehört, zieht sich zurück oder wird aus Neid oder Missgunst aggressiv.

In letzter Zeit häufen sich die Fälle, in denen Jugendliche Gleichaltrige bestehlen oder ihnen unter Androhung oder Ausübung von Gewalt Luxusartikel abnehmen. Sie tun das nicht nur, um in den Besitz der begehrten Gegenstände zu kommen, sondern auch, um allein oder in der Gruppe Macht zu spüren und den Respekt Gleichaltriger zu erlangen. Das ist oft ihre einzige Möglichkeit, wenigstens in irgendeiner Form Aufmerksamkeit zu bekommen und von anderen als bedeutungsvoll wahrgenommen zu werden.

Aber nicht nur diese Jugendlichen versuchen, ihr fehlendes Selbstwertgefühl durch demonstrativ zur Schau gestellte Prestigeartikel zu kompensieren. Inzwischen neigt immerhin fast jeder fünfte Jugendliche dazu, aus Frustration oder Prestigegründen zu konsumieren. Sechs Prozent der bundesdeutschen Jugendlichen zwischen fünfzehn und zwanzig Jahren gelten sogar als kaufsüchtig, das entspricht einer Zahl von etwa 250 000 Personen.[9]

Generell hat sich in den letzten Jahrzehnten der Stellenwert von Konsum und der Umgang mit Geld bei Heranwachsenden grundlegend gewandelt. Früher verfügten Kinder und Jugendliche über deutlich weniger Geld als heute und nahmen nur in sehr begrenztem Maße am Wirtschaftsleben teil. Das war gesellschaftlich auch so gewollt. Bis 1975 erlangte man die Volljährigkeit, also die Erlaubnis, Geschäfte selbständig abzuwickeln, erst mit einundzwanzig Jahren. Kinder und Jugendliche unterhalb dieser Altersgrenze waren nur beschränkt geschäftsfähig und benötigten bei größeren Anschaffungen die Zustimmung ihrer Eltern.

Als Jugendlicher gehörte ich noch zu denjenigen, die »Sonntagsgeld« bekamen, einen kleinen Betrag, von dem Sonntagsvergnügungen wie Kino, Tanztee oder der Besuch von Sportveranstaltungen bestritten werden sollten. Andere Geldzuwendungen von Großeltern oder anderen Verwandten landeten regelmäßig im Sparschwein oder wurden für einen meist nicht näher bezeichneten Zweck auf dem Sparbuch deponiert. Mit List und Tücke sowie langen Stricknadeln gelang es uns ab und zu, Geld aus seiner Wertspeicherfunktion im Sparschwein seiner Tauschmittelfunktion zum Erwerb begehrter Objekte zuzuführen. Allerdings hielten sich solche Geschäfte in Grenzen, denn man musste die Verkäufer erst überzeugen, dass die Eltern mit dem Kauf einverstanden waren und dass es sich wirklich um das eigene Taschengeld handelte. Außerdem fiel damals natürlich so ziemlich jeder neue Gegenstand auf, der da plötzlich im Kinderzimmer auftauchte. Für den Kauf von Kleidern waren in erster Linie die Eltern zuständig, und die anderen Dinge bekam man zum Geburtstag oder zu Weihnachten geschenkt. Das war üblich und passte in eine Zeit, die sich nicht nur in materieller Hinsicht durch Zurückhaltung und Belohnungsaufschub auszeichnete. Verschwendung war ebenso verpönt wie das Prahlen mit Geld oder Konsumgütern.

Doch diese Zeiten sind längst vorbei. Mit wachsendem Wohlstand und zunehmender Massenproduktion ist der Stellenwert der Konsum- und Luxusgüterindustrie immer größer geworden. Durch geschickte Verkaufsstrategien ist es den Marketingstrategen gelungen, die dem zügellosen Konsum zugrundeliegenden Motive wie Neugier, Wunsch nach Anerkennung oder sozialer Bindung immer schneller zu befriedigen. Warum warten, bis der Kaufpreis für den Luxusartikel angespart ist? Kredite lassen materielle Träume im Augenblick ihrer Entstehung wahr werden: das neue Auto, die technische Neuheit im Home Entertainment, der Cluburlaub auf der Insel im südlichen Pazifik. Da diese Art der Befriedigung jeweils nur kurze Zeit anhält, muss jedoch immer wieder aufs Neue konsumiert werden, was nachhaltig zur Umsatz- und Gewinnsteigerung der Unternehmen beiträgt. Immer schneller schreitet die technische Entwicklung voran und produziert dadurch immer neue vermeintliche Bedürfnisse, wie nicht zuletzt die rasante Entwicklung bei den Mobiltelefonen, Smartphones usw. zeigt. Kaum ist der Jugendliche im Besitz des aktuellsten Geräts, schon ist es wieder veraltet, und er muss sich das nächste beschaffen, um im Wettbewerb der Gleichaltrigen mithalten zu können. Und dieses ungezügelte Konsumstreben setzt nicht erst im Jugendalter ein. Wenn wir unseren Kleinen schon im Oktober Nikoläuse kaufen und bereits im Februar die Osterhasen in den Supermarktregalen locken, müssen wir uns nicht wundern, wenn der Nachwuchs fortan auf sofortigem Konsum besteht.

Dabei war die Fähigkeit, auf Belohnung warten zu können, der entscheidende evolutionäre Vorteil der

Menschen gegenüber allen anderen Lebewesen. Nur durch den Aufschub der direkten Bedürfnisbefriedigung war zum Beispiel der Bau von Geräten und Waffen überhaupt möglich. Aber dieses Vermögen, warten zu können, Unbequemlichkeiten in Kauf zu nehmen um einer späteren höheren, nützlicheren Belohnung willen, scheint in unserer schnelllebigen Zeit bei vielen Menschen verlorenzugehen.

Auf unmittelbare Bedürfnisbefriedigung zu verzichten fällt Kindern und Jugendlichen aufgrund ihrer geringeren Lebenserfahrung und ihrer noch nicht ausgereiften Persönlichkeit meist noch schwerer als Erwachsenen. Und genau das haben versierte Verkaufsstrategen erkannt und mit Hilfe von Neurobiologen, Psychologen und Soziologen die Schwachpunkte Heranwachsender ausgelotet, um sie für ihre kommerziellen Zwecke gnadenlos auszunutzen. Immerhin verfügen die etwa zehn Millionen Kinder im Alter zwischen sechs und siebzehn Jahren heute mehr oder weniger frei über etwa neun Milliarden Euro, es lohnt sich also, zum Beispiel durch kleine Werbegeschenke ihre Sympathie zu erobern und ihr Interesse an bestimmten Marken zu wecken.

Der Grad der Beeinflussung hat inzwischen alarmierende Ausmaße angenommen. Pro Jahr gibt die Werbeindustrie für diese Zielgruppe etwa eine halbe Milliarde Euro aus. Und die Ausgaben lohnen sich, denn Kinder und Jugendliche mit ihrem labilen Selbst bilden eine ideale Zielscheibe für die Eroberung durch die Welt der Marken. Begünstigt wird dies durch den bei jungen Menschen besonders ausgeprägten Wunsch nach Gruppenzugehörigkeit. Es geht hier aber nicht mehr nur darum, sich von anderen abzuheben oder zu ihnen zu gehören; Kinder und Jugendliche identifizieren sich regelrecht mit den Marken, lassen sie zu einem Bestandteil ihres Selbst werden. Der Energy-Drink »Red Bull« verspricht nicht nur, ihnen Flügel zu verleihen, sondern trägt auch dazu bei, ein »Idealbild« von sich zu vervollständigen, das mit dem Image der Marke verbunden ist. »Ein Typ, der Red Bull trinkt, ist unglaublich cool.«

In den modernen Konsumtempeln der Mode- oder Elektronikbranche wird Shopping zum Ritual. Kinder und Jugendliche geraten beim systematischen Erkunden der Schnäppchen, beim Aussuchen und Bezahlen in einen Zustand der Selbstvergessenheit. Man könnte den Eindruck gewinnen, als wären sie zu ihrer wahren Bestimmung zurückgekehrt, wie einst ihre Vorfahren auf der Jagd nach Beute. Vor lauter Begeisterung merken sie dann oft nicht, dass sie Händlern auf den Leim gehen, die vorher die Preise erhöht haben, um sie später zu ermäßigen, oder dass ausgerechnet die superschicke Hose leider nur zum regulären Preis zu bekommen ist.

Man könnte ihnen ja den Spaß lassen, wenn diese Entwicklung nicht ernsthaft Anlass zur Sorge bieten und etliche Probleme mit sich bringen würde. Viele Teenager haben mittlerweile genauso große Geldsorgen wie ihre Eltern, und daran ist das Jugendmarketing einiger Banken nicht ganz unschuldig. Jugendliche können ihre Konten zwar meist nicht überziehen, doch die Hemmschwelle beim Geldausgeben mit der EC-Karte ist deutlich geringer, als wenn die Scheine aus dem Geldbeutel gezückt werden müssten. Und die Unternehmen, die davon profitieren, weisen jede Verantwortung für die Schuldenfalle zurück, in die ihre jugendlichen Kunden durch die Verwendung von EC-Karten oder auch durch Handyverträge geraten können. Es überrascht deshalb nicht, dass Jugendliche zu der am schnellsten wachsenden Gruppe von Überschuldeten gehören.

Immer häufiger sind Eltern gefordert, ihre Kinder von dieser Schuldenlast zu befreien. Außerdem beobachten wir, dass immer mehr Schülerinnen und Schüler 400-Euro-Jobs annehmen, um sich finanziell zu »sanieren« oder ihre wachsenden materiellen Bedürfnisse zu befriedigen. Mit wirklichem Glücksempfinden hat das dann meist nur noch wenig zu tun. Vielfach opfern diese Jugendlichen ihre Nachmittage oder Wochenenden, die sie so dringend für die Erholung von der Schule oder zur Nachbereitung des Unterrichtsstoffes gebrauchen könnten. Sie haben oft kaum noch Zeit, um Sport zu machen oder sich mit Freunden zu treffen, weil sie leider immer schon ausgebucht sind oder sich von ihrem anstrengenden Job erholen müssen. Wen wundert es, wenn sie in der Schule dann oft müde und ausgelaugt sind.

In der Unterrichtseinheit »Abenteuer Alltag«, die als integraler Bestandteil zu unserem Wahlfach »Glück« gehört, sollen die Schülerinnen und Schüler lernen, ihren Alltag zu organisieren, sich ihre Zeit sinnvoll einzuteilen und ihre Ausgaben zu kontrollieren. Über einen Zeitraum von ungefähr zwei Monaten üben wir mit ihnen ein, den Verführungen der Werbung zu widerstehen, und unterstützen sie auf dem Weg zu einem glücklichen Leben ohne grenzenlosen Konsum. Auf den erhobenen Zeigefinger soll dabei so weit wie möglich verzichtet werden. Vielmehr geht es darum, ihre Selbstkontrolle zu verbessern, indem wir ihnen spielerisch zeigen, wie wichtig es sein kann, auf einen Reiz nicht sofort zu reagieren, sondern erst einmal abzuwarten.

Um den Jugendlichen bewusst zu machen, wie sinnvoll Geduld und Konzentration sind, führen wir eine kleine Übung mit ihnen durch, bei der sie im Vorübergehen einen Tischtennisball mit dem gespannten Zeigefinger von einer Flasche schnippen sollen. Das gelingt nur, wenn man sich konzentriert und abwartet, bis man die richtige Entfernung zum Ball hat, der auf der Flasche thront. Eile und Hast ziehen unmittelbar den Misserfolg nach sich.

Kinder, die sich beim Sport direkt mit einem Gegner oder einer gegnerischen Mannschaft auseinandersetzen müssen, erlernen das konzentrierte Abwarten beim Training und im Spiel. So wird beim Fußball der Freistoß erst dann ausgeführt, wenn die Gegner eine Lücke in der Abwehr erkennen lassen. Beim Tennis kommt der Spieler im geeigneten Moment ans Netz und überrascht den Gegner mit einem Volley. Im Kampfsport wird jede falsche Reaktion unweigerlich körperlich bestraft. Bei all diesen Beispielen gilt es, den zeitlichen Abstand zwischen der Wahrnehmung und der nachfolgenden Reaktion zu optimieren.

Die Fähigkeit, nicht unüberlegt und vorschnell zu

handeln, sondern abzuwarten, ob noch bessere Alternativen auftauchen, kann auf vielfältige Weise eingeübt werden. Menschen, die in der Lage sind, in Ruhe zu entscheiden, was sie tun bzw. besitzen wollen und was nicht, haben mehr Möglichkeiten und Freiheiten und sind weniger gestresst. Sie sind ausgeglichener, zufriedener und selbstbewusster.

Wie wichtig es ist, abwarten zu können, zeigt der berühmte »Marshmallow-Test«, mit dem der amerikanische Psychologe Walter Mischel bereits in den 1960er Jahren die Bedeutung des Belohnungsaufschubes für die Persönlichkeitsentwicklung von Kindern nachgewiesen hat.[10] Zu Beginn des Tests erhielten die vierjährigen Probanden je einen Marshmallow. Man sagte ihnen, sie sollten ihn aber nicht sofort essen, sondern eine Weile warten. Als Belohnung für die Wartezeit bekämen sie später einen zweiten Marshmallow. Der Versuchsleiter gab anschließend vor, etwas erledigen zu müssen, und ließ die Kinder etwa fünfzehn Minuten unbeaufsichtigt. Als er zurückkam, hatte etwa ein Drittel der Kinder der Versuchung nicht widerstehen können und den Marshmallow schon gegessen. Die anderen zwei Drittel bestanden die Probe und erhielten ihre Belohnung. Bei Persönlichkeitstests, die zwölf bis vierzehn Jahre später durchgeführt wurden, zeigte sich, dass diejenigen, die frühzeitig gelernt hatten zu warten, leistungsstärker und selbstbewusster waren und mit Frustrationen besser umgehen konnten als diejenigen, die als Kinder der Versuchung erlagen.

Sicher gibt es im Hinblick auf die Willensstärke auch

genetische Prägungen, trotzdem lässt sich die Fähigkeit, für die Erreichung langfristiger Ziele kurzfristig auf etwas zu verzichten, durch positive Erfahrungen und durch Übung verbessern. Im Rahmen der Unterrichtseinheit »Abenteuer Alltag« luden wir unsere Schüler deshalb zu einem ähnlichen Test ein und verteilten Schokoküsse. Wir baten die Teilnehmer des Experiments, die Schokoküsse nicht gleich aufzuessen, und versprachen ihnen als Belohnung einen zweiten Schokokuss. Dann ließen wir sie eine Weile allein. Wie in dem ursprünglichen Marshmallow-Test konnte etwa ein Drittel der Probanden der Versuchung nicht widerstehen. Sie aßen die Schokoküsse schon nach kurzer Zeit auf.

Unsere Schüler staunten nicht schlecht, als wir sie später über das Experiment und seine Bedeutung aufklärten. Diejenigen, die sich ungeduldig gezeigt hatten, wurden nachdenklich und nahmen dann umso erleichterter zur Kenntnis, dass sich die Fähigkeit, seine Bedürfnisse aufzuschieben und auf die Belohnung zu warten, erlernen und verbessern lässt. In fast allen Religionen üben sich die Menschen seit Jahrtausenden darin, Versuchungen zu widerstehen. Auch wenn Oscar Wilde sagt: »Allem kann ich widerstehen, nur der Versuchung nicht«, sind wir Menschen durch unseren ausgeprägten Willen durchaus in der Lage, Bedürfnisse zurückzustellen oder gänzlich auf ihre Befriedigung zu verzichten. Für das Training eignen sich vor allem Übungen oder Rituale, die nach einer Phase der Enthaltung eine Belohnung vorsehen. Dazu gehört zum Beispiel bei den Christen die Fastenzeit, also der Zeitraum zwischen Aschermittwoch und Ostern, in dem die Kinder früher auf Süßigkeiten verzichten mussten. Als Belohnung wartete nachher ein Osternest auf sie, dessen süßer Inhalt aber erst noch in Verstecken gesucht werden musste.

In einer nächsten Phase der Unterrichtseinheit »Abenteuer Alltag« geht es um das Thema Konsum. Um die Schüler anzuregen, ihre Konsumentscheidungen zu überdenken, sollen sie Tagebuch darüber führen, welchen Versuchungen sie beim Kaufen widerstanden haben und welchen nicht. Dadurch sollen sie erfahren, dass Konsum die Lebensfreude nicht wesentlich beeinflusst und Verzicht auch stolz machen kann. Außerdem sollen sie lernen, ihre finanzielle Situation bewusst zu kontrollieren, indem sie Einnahmen und Ausgaben während eines Monats in einer Art Haushaltsbuch dokumentieren. Am Monatsende stellen sie dann die Summe ihrer Ausgaben und Einnahmen gegenüber und sehen auf einen Blick, ob sie über ihre finanziellen Verhältnisse gelebt haben. Anschließend lassen wir sie die Ausgaben nach verschiedenen Bereichen auflisten und errechnen Durchschnittswerte für die Klasse. So kann jeder einzelne Jugendliche seine Ausgaben zum Beispiel fürs Handy mit den Ausgaben seiner Mitschüler vergleichen. Im Schnitt haben die Fünfzehn- bis Siebzehnjährigen pro Monat etwa dreißig Euro Handykosten; die Spitzenreiter zahlen zum Teil das Doppelte.

Bei allen Übungen und Versuchen in dieser Einheit geht es um die Bewusstmachung von scheinbar automatisierten Kauf- und Konsumgewohnheiten und die Möglichkeit, durch Nachdenken willentlich in den Prozess einzugreifen. Dazu gehört auch die Beschäftigung mit Beispielen aus der Werbung, die zeigen, wie geschickt Verbraucher oft getäuscht werden, indem Vorstellungen geweckt werden, die durch das Produkt gar nicht erfüllt werden können. So ist es relativ einfach nachzuweisen, dass »Red Bull« in Wirklichkeit keine Flügel verleiht, sondern lediglich dick macht, dass das teure, aber unwiderstehliche Parfüm den Sexualtrieb der Menschen zur Kaufentscheidung nutzt oder dass Alkoholwerbung sich oftmals den Wunsch nach Gemeinschaft und Bindung zunutze macht.

Natürlich ist es schwierig, innerhalb von sechs Wochen Verhaltensweisen dauerhaft zu verändern, die über viele Jahre gewachsen sind, also Jugendliche zum Beispiel zur Sparsamkeit zu erziehen, wenn sie vorher ihr Geld gedankenlos ausgegeben haben. Oder in ihnen die Erkenntnis reifen zu lassen, dass es besser ist, vor wichtigen Kaufentscheidungen erst noch eine Nacht zu schlafen, um die Entscheidung später nicht zu bereuen. Trotzdem bin ich überzeugt, dass es uns in dieser Unterrichtseinheit gelingt, den Jungen und Mädchen in mancher Hinsicht die Augen zu öffnen, indem wir sie unter anderem erleben lassen, wie das Geld einem durch die Finger rinnt, wenn man seine Ausgaben nicht bewusst wahrnimmt. Viele Schüler nehmen sich vor, zukünftig weniger zu telefonieren, weil sie unnötige Kosten sparen wollen, aber auch, weil man im direkten Gespräch viel mehr von seinem Gegenüber mitbekommt.

Dass unsere Schüler so argumentieren, liegt nicht

zuletzt daran, dass sie in der Einheit »Abenteuer Alltag« auf viele Erfahrungen zurückgreifen können, die sie vorher bereits im Glücksunterricht gemacht haben. Wer weiß, dass das Leben die Summe der Erlebnisse ist und nicht die Summe der erworbenen materiellen Güter, wer gelernt hat, Ziele für sich zu finden und Hindernisse auf dem Weg dorthin zu überwinden, der kann sich nicht nur besser motivieren, sondern hat vielleicht auch andere Prioritäten und verzichtet leichten Herzens auf manche unnötige Ausgabe für Konsumzwecke. So wie der Schüler unserer Schule, dem ich an einem Samstag beim Einkaufen in einem Sportgeschäft begegnete. Als ich ihn fragte, warum er an einem so schönen schulfreien Tag arbeite, antwortete er lächelnd: »Die vierhundert Euro, die ich hier monatlich verdiene, spare ich, damit ich nach dem Abi ein freiwilliges soziales Jahr in Australien verbringen kann.«

Der junge Mann, dessen Eltern alles andere als begütert sind, ging erst auf die Hauptschule, besuchte anschließend die Werkrealschule und kam dann zu uns, um sein Abitur zu machen. Das ist wahrlich kein einfacher Weg, denn die fehlenden Grundlagen in den Fremdsprachen, in der Mathematik und den Naturwissenschaften müssen erst aufgeholt werden, bevor man dem Unterricht in der gymnasialen Oberstufe folgen kann. Wer das Abitur auf diesem Wege schaffen will, braucht einen eisernen Willen, um den zusätzlichen Lernstoff zu bewältigen.

Auf diese Willenskraft angesprochen, erzählte mir der Schüler stolz, dass es sich dabei um eine familiäre

Eigenschaft handele. Sein Großvater sei sein großes Vorbild, weil er es geschafft habe, als Handwerker ein ansehnliches Vermögen zu erwerben. Außerdem gebe es in seiner Familie eine Tradition, die bereits vom Urgroßvater begründet worden sei: Allen Enkeln werde im Januar eines jeden Jahres zusätzlich zu den von der Bank gutgeschriebenen Zinsen noch einmal eine Prämie von zehn Prozent auf das ersparte Guthaben spendiert. Im Verlauf seiner achtzehn Lebensjahre habe er auf diese Weise eine schöne Summe angespart. Durch das Prämiensystem wurden zusätzliche Anreize geschaffen, um die Kinder zum Sparen anzuregen. So entstand im Laufe der Zeit eine Art familiäres Vermögensbildungsgesetz, das bei den nachfolgenden Generationen offensichtlich nachhaltige Wirkung zeigte. Wenn Eltern und Großeltern konsequent Konsumverzicht belohnen, fällt es Kindern leicht, diese Muster zu übernehmen und den sorgfältigen Umgang mit Geld zu erlernen.

Offensichtlich hat unser Schüler von seinem Großvater auch gelernt, dass es erstrebenswert ist, sich Ziele zu setzen und darauf hinzuarbeiten. Diese Fähigkeit ist ihm jetzt eine unschätzbare Hilfe, um den angestrebten Australienaufenthalt zu realisieren, bei dem er durch die Fülle neuer Eindrücke gute Erfahrungen für sein weiteres Leben sammeln wird.

Alles nur ein Spiel?

Auf der Suche nach Erlebnissen bieten sich Kindern und Jugendlichen heute nicht mehr nur eine Fülle von Aktivitäten wie Sport, Musik, Theater, Tanz oder Reisen an, sondern durch die Computerspiele wird die Palette der realen Möglichkeiten noch um virtuelle erweitert. Spielen erfüllt seit jeher eine zentrale Rolle bei der Entwicklung des Kindes. Im Spielen, Nachahmen und in der Interaktion mit anderen entwickelt der Mensch die Beherrschung seines Körpers, seine Sprach- und sozialen Fähigkeiten weiter. Der angeborene Spieltrieb und die Neugier sind deshalb wichtige Faktoren beim menschlichen Lernen. Spielen macht glücklich! Jeder kann sich erinnern, wie er als Kind traumverloren mit Puppen, der Carrerabahn oder Legosteinen gespielt hat. Die Fähigkeit, beim Spielen glücklich zu sein, haben alle Kinder. Wir müssen aber auch dafür sorgen, dass sie ihnen erhalten bleibt, denn noch als Erwachsener profitiert man davon, wenn man in der Lage ist, sich zielgerichtet, selbstvergessen und unter Nutzung aller persönlichen Ressourcen mit einer Sache zu beschäftigen. Erwachsene, die auch ihrer Arbeit etwas Spielerisches abgewinnen können, sind glücklicher.

Gefährlich wird es jedoch, wenn der kindliche Spieltrieb ins Destruktive umgeleitet wird oder Suchtcharakter annimmt. Welche Spiele im Angebot und kommerziell erfolgreich sind, richtet sich immer auch nach dem Zeitgeist. Ich erinnere mich noch lebhaft an meinen ersten Blechpanzer, der in die Wirklichkeit des besetzten Deutschlands so gut hineinpasste. Bei der Erziehung meiner Kinder, im Zeitalter der Friedensbewegung und des Rufs nach Abrüstung, war militärisches Spielzeug dagegen verpönt. Schließlich sollten die Kinder zu friedliebenden Pazifisten erzogen werden. Seit den späten achtziger Jahren und insbesondere im Zeitalter des Hightech-Krieges hat sich diese Einstellung offensichtlich wieder verändert. Wie anders lässt sich erklären, dass Kampf und kriegerische Auseinandersetzung bei Computerspielen so beliebt sind? Insbesondere Jungen können vom Ballern mit der Maus gar nicht genug bekommen. Dabei dürften manche Computerspiele eigentlich gar nicht als Spiel bezeichnet werden, denn es geht dort weniger um selbstvergessenes kindliches Spielen als um Realitätsflucht. Es ist ja auch viel leichter, im virtuellen Raum ein Held zu sein als im echten Leben. Man muss nicht lernen, sich selbst zu akzeptieren und zu mögen, man kann sich einfach eine ideale Identität im virtuellen Raum zulegen. Und Aggressionen lassen sich unzensiert und ungestraft ausleben. Leider werden bei diesen Spielen nicht nur Aggressionen abgebaut, sondern auch neue aggressive, menschenverachtende Verhaltensweisen eingeübt. Und das Spiel selbst kann zur Sucht werden.

So erging es unserem Schüler Richie aus der zwölften Klasse, der es nicht schaffte, aus der virtuellen Welt aufzutauchen und sich von seinem Computer loszueisen, obwohl er es sich immer wieder vornahm. Seine schulischen Leistungen hatten deswegen im Laufe der Zeit erheblich nachgelassen. Aus dem vorher lebhaften Jungen war ein ständig übermüdeter, passiver Erdulder des Unterrichts geworden. Seine allmorgendlich geröteten Augen ließen erahnen, was der Arme Nacht für Nacht vollbringen musste. Richies Leidenschaft galt »World of Warcraft«, einem Online-Rollenspiel, das derzeit von etwa zwölf Millionen Abonnenten weltweit gespielt wird. Sie kämpfen in digitalen Sphären als heldenhafte Phantasiegestalten miteinander und gegeneinander um ihr virtuelles Überleben. Im nächtlichen Spiel wurde Richie so ziemlich alles abverlangt, was er tagsüber gut hätte gebrauchen können. »World of Warcraft« fordert die volle Aufmerksamkeit, weil jede Unachtsamkeit das virtuelle Leben gefährdet. Die Spieler sind deshalb hochmotiviert und kämpfen bis zur totalen Erschöpfung.

Es gibt Studien, die belegen, dass sich das Gehirn im Laufe der Zeit den neuen visuellen Aufgaben anpasst. Menschen, die häufig am Computer spielen, sind aufgrund der dauernden Herausforderung in der Lage, Bildabfolgen schneller zu erkennen und schneller darauf zu reagieren. Der Preis, den jugendliche Spieler für ihre Spielleidenschaft und diese neue Fähigkeit zahlen müssen, ist allerdings hoch. Oft tauchen sie täglich viele Stunden am Stück in die Welt des Krieges ein, so dass sie gar keine Zeit mehr für andere Dinge finden. Sie werden vollkommen vereinnahmt, vergessen nicht nur ihr Umfeld, sondern unterdrücken zuweilen sogar Hunger und Durst. Durch die eingeschränkten Bewegungsabläufe geht außerdem der Bezug des Spielers zum eigenen Körper verloren. Wenn lediglich der Daumen aktiv ist, verbessert sich zwar dessen Steuerung im Gehirn, doch der Rest liegt brach und verkümmert zusehends.

Aber was macht Computerspiele so verlockend für Kinder und Jugendliche? Warum ziehen sie sie so sehr in den Bann? Kurz gesagt machen sich Spiele wie »World of Warcraft« ganz ursprüngliche Antriebsreize oder Motive des menschlichen Handelns zunutze wie Neugier oder den Wunsch nach Anerkennung und Bindung. Kinder sind schon von Natur aus andauernd auf Entdeckungsreise, auf der Suche nach neuen Reizen. Um Jugendliche als Spieler zu gewinnen, muss man sie deshalb vor allem neugierig machen, sie in Abenteuer verwickeln, deren Ausgang ungewiss ist. Ihr großer Hunger nach Reiz und Erregung wird durch gezielte Provokationen angeheizt – zum Beispiel durch die Aufforderung, einen Rachefeldzug zu führen oder ein vermeintlich schwaches weibliches Opfer zu befreien – und entlädt sich als Aggression gegen die vermeintlichen Bösewichte. Im virtuellen Kampf werden die archaischen Bedürfnisse nach Macht und höherem Rang ausgelebt, und als Belohnung für die bestandene Bewährungsprobe locken Kostbarkeiten, die als Statussymbole dazu beitragen, anderen zu imponieren. Um die Neugier am Spiel aufrechtzuerhalten, werden immer neue Varianten des Spielverlaufs mit neuen Übeltätern, Helden und erstrebenswerten virtuellen Beutestücken auf dem Markt angeboten. Die Ideen dazu stammen meist von Jugendlichen selbst, die als Spielgestalter oder »Masterplayer« ihre eigenen Bedürfnisse und die ihrer Altersgruppe umsetzen können.

Das Prinzip fast aller Computerspiele besteht darin,

dass man nicht nur ständig neuen Reizen ausgesetzt ist und sich neuen Aufgaben stellen muss, sondern dass man nach deren erfolgreicher Bewältigung Anerkennung erhält, indem man mit einem neuen Privileg belohnt wird. Die nächste Aufgabe ist dann so gestaltet, dass sie vom Spieler gerade noch geleistet werden kann, also eine Herausforderung darstellt. Durch immer neue virtuelle Privilegien, die mit der Lösung von Zusatzaufgaben verbunden sind, gelingt es so, die Spieler immer weiter an das Spiel zu binden.

Die Spielehersteller wissen natürlich ganz genau, dass Wertschätzung und die Aussicht auf Auszeichnungen ein schier unerschöpflicher Motor unseres Tuns sind. Wir üben Klavier, um den Eltern zu gefallen, wir streben nach hohen Schul- oder Studienabschlüssen, um in der leistungsorientierten Gesellschaft einen höheren Rang einzunehmen, oder wir ackern unermüdlich für ein Statussymbol, mit dem wir bei anderen Eindruck schinden wollen. Nun ist es leider so, dass Anerkennung und Privilegien aus verschiedenen Gründen in der Gesellschaft nicht gleichmäßig verteilt sind. Da wundert es nicht, wenn besonders junge Menschen die in der virtuellen Welt der Rollenspiele vorhandene vermeintliche Chancengleichheit nutzen. Schließlich kann jeder, wenn er nur geschickt genug ist, höchste Rangstufen erreichen. Die Spieler schlüpfen nach Belieben in neue Rollen, verwandeln sich in eine neue Person mit neuen Eigenschaften. Reale Frustrationen sind für die Dauer des Spiels aufgehoben. Als Phantasieheld bekommt man endlich die Streicheleinheiten, die einem im wahren Leben versagt bleiben. Kinder, die in der Gemeinschaft der Familie, der Klasse oder des Vereins nicht die ersehnte Anerkennung erhalten, können dann in der virtuellen Welt, von realen Hemmnissen ungehindert, Privilegien erlangen, einen besseren Platz in der Hackordnung ergattern und die Frustration der fehlenden realen Wertschätzung wenigstens vorübergehend vergessen.

Dieser virtuelle Ausgleich für fehlende reale Wertschätzung birgt zum einen die Gefahr des Realitätsverlusts. Zum anderen steigt dadurch aber auch das Suchtpotential, das durch die enge Verbindung zwischen auftretendem Reiz, anschließender Reaktion und sofort darauf erfolgender Belohnung entsteht. Wenn jeder noch so kleine Sieg über den Gegner unmittelbar mit Anerkennung belohnt wird, können ähnliche Abhängigkeiten entstehen wie bei den Ratten in einem Experiment von James Olds und Peter Milner aus dem Jahr 1954. Die beiden amerikanischen Psychologen hatten den Tieren Elektroden in das Belohnungssystem ihres Gehirns implantiert. Durch kleine, in kurzen Abständen erfolgende Stromstöße wurde bei den Ratten ohne besonderen Anlass Wohlbefinden erzeugt. In einem weitergehenden Versuch wurde der Schalter für die Stromzufuhr in den Käfig gelegt. Anfangs berührten die Ratten eher zufällig den Schalter und erlebten dadurch das bekannte Wohlbefinden. Als sie die Reiz-Reaktions-Verbindung erkannten, betätigten sie den Schalter immer öfter und vergaßen vor lauter Wohlbefinden zu fressen und sich zu paaren.[11] Sucht schafft eben nur kurzfristig Wohlbefinden und zerstört auf Dauer Leben.

Das permanente Wechselspiel zwischen Reiz, Reaktion und Belohnung führt bei jungen Menschen besonders leicht zur Abhängigkeit, denn ihnen fehlt Erfahrung, und ihre Willenskraft ist noch nicht ausgereift. Dies ist auch der Grund, warum Kindern der Zutritt zu Spielhallen verboten ist. Umso bedenklicher ist es, dass diese Spiele jetzt »frei Haus« in jedes Kinderzimmer geliefert werden.

Exzessives Spielen am Computer macht auch einsam. Damit die Jugendlichen den Computer aber nicht abschalten und sich aufgrund ihres Bindungsmotivs stattdessen womöglich einer realen Gemeinschaft zuwenden, werden seit einigen Jahren vermehrt Spiele auch für Paare und Spielergruppen angeboten. Als Teil einer virtuellen Gemeinschaft von Mitspielern, einer Gilde oder eines Clans, ziehen die Spieler dann vereint in den Kampf. In Bezug auf die Gruppe und die vereinbarten Termine entsteht für den Einzelnen ein hohes Maß an Abhängigkeit. Schließlich muss zur vereinbarten Zeit jedes Mitglied am Computer sitzen, weil die Mannschaft nur vollständig gegen andere Gruppen antreten kann. Das führt dazu, dass alle anderen Aktivitäten um die Spielzeit herum geplant werden.

Kein Wunder, dass unser Schüler Richie weder seine Hausaufgaben machen konnte noch Zeit zum Schlafen fand und folglich im Unterricht unkonzentriert und lustlos war. Der Klassenlehrer fand Richies Verhalten auf Dauer so störend und so demotivierend für die anderen Schüler, dass er mich bat, ein Gespräch mit dem Jungen zu führen. Als Richie in mein Zimmer kam, erschien er mir aufgrund seiner Kleidung und seines Auftretens wesentlich jünger als die vom Klassenlehrer angegebenen achtzehn Jahre. Ich fragte ihn deshalb zunächst, ob ich zu dem Gespräch auch seine Eltern einladen solle. Richie lehnte dies ab: »Ich bin doch schon achtzehn. Außerdem bin ich für meine Eltern ohnehin ein hoffnungsloser Fall.« Dann erzählte er mir, dass seine Eltern getrennt lebten. Er habe eine ganze Weile beim Vater gewohnt, sei jetzt aber zur Mutter gezogen, mit deren neuem Freund er »mächtig Zoff« habe. Anschließend berichtete er relativ nüchtern und offen von seiner »Spielleidenschaft«. Das Computerspiel lenke ihn zwar von seinen übrigen Problemen ab, sei aber die reinste Zeitfressmaschine. Früher sei er regelmäßig zum Tischtennistraining gegangen, dazu habe er jedoch im Augenblick weder Zeit noch Lust. Er verglich seine Situation beim nächtlichen Computerspiel mit der eines durstigen Kriegers in der Wüste, der seinen Stamm sucht und sich an einem Salzwassersee laben will. Er kann seinen Weg leider nicht mehr fortsetzen, weil er immer durstiger wird, je mehr er trinkt. Manchmal habe er große Lust, sich von dem Spielzwang zu befreien und den Computer einfach auf die Straße zu werfen.

Richie hatte für sich offensichtlich die Suchtgefahr erkannt und wollte unbedingt vom exzessiven Spielen loskommen. Aber wie sollte er das anstellen? Immerhin hatte er schon die nötige Einsicht in seine Situation und den Wunsch, wirklich aufzuhören. Nur waren die Begleitumstände wahrlich nicht die besten. Der schwelende Streit mit seiner Mutter wegen des andauernden

Computerspiels und die fehlende Anerkennung durch ihren neuen Lebensgefährten hatten Richie lustlos und mürbe gemacht. Keine guten Voraussetzungen, um Energie für einen Neuanfang zu aktivieren.

Als ich ihn nach dem Freund seiner Mutter fragte, antwortete Richie, der Mann arbeite in einer Computerfirma, sei sportlich und eigentlich gar nicht so übel, wenn er ihn nur nicht dauernd »so blöd anmachen« würde, weil er, Richie, sich meist zurückziehe und weder an den Mahlzeiten noch an anderen Aktivitäten der Familie teilnehme.

Ich fragte Richie weiter, ob er den Freund der Mutter jemals eingeladen habe, mit ihm gemeinsam »World of Warcraft« zu spielen. Die Frage schien Richie zu überraschen, und er schüttelte nachdenklich den Kopf. Daraufhin ermunterte ich ihn, das noch am selben Abend nachzuholen. Für einen Computerfachmann sei es bestimmt kein Problem, sich in das Spiel einzudenken. Außerdem fragte ich Richie jetzt noch einmal, ob ich nicht doch mit der Mutter und ihrem Freund reden dürfe. Diesmal willigte er ein.

Eine Woche später fand sich ein Termin für dieses Gespräch. Die beiden waren überrascht, in dieser Konstellation in die Schule eingeladen zu werden, kamen aber trotzdem. Im Verlauf des Gesprächs sprach ich erst die Mutter auf Richies Spielleidenschaft an. Sie erklärte, sie sei völlig verzweifelt über die Entwicklung ihres Sohnes. Mit dem Computerspiel habe er angefangen, als er noch bei seinem Vater lebte. Ihr Exmann habe Richie so ziemlich alles erlaubt und sich um nichts gekümmert.

Als er nicht mehr weiterwusste, habe er ihm empfohlen, zu ihr zu ziehen. Jetzt müsse sie alles ausbaden. Gutes Zureden und Verbote seien wirkungslos geblieben, und zur Suchtberatung wolle Richie auch nicht gehen. Sie sei absolut ratlos und wisse nicht, wie es weitergehen solle.

Anschließend fragte ich den Lebensgefährten der Mutter, wie er Richies Verhalten beurteile. Der Junge lebe in seiner virtuellen Welt, sei verstockt und wenig zugänglich, lautete die Antwort. In der letzten Woche hätten sie auf Richies Initiative hin jedoch zwei, drei Mal gemeinsam am Computer gesessen, und dabei habe er festgestellt, dass der Junge das Spiel bis zur Perfektion beherrsche. Ihn selbst langweile es aber eher, außerdem gehe es doch darum, dass Richie damit aufhöre. Deshalb habe er das gemeinsame Spiel abgebrochen, was Richie offensichtlich nicht verstanden habe. So sei der Konflikt neu aufgeflammt.

Nun erklärte ich ihm meine Idee. Er habe den Aufbau des Spiels doch schnell durchschaut, ob er jetzt nicht mit Richie darangehen könne, die Metaebene von »World of Warcraft« zu ergründen: Mit welchen Techniken wird gearbeitet, um die Spieler in den Bann zu ziehen? Wie ist die Rahmenhandlung gestrickt? Welche Originalliteratur dient als Vorlage? Des Weiteren fragte ich ihn, ob er schon einmal Tischtennis mit Richie gespielt habe. Tatsächlich wusste der Mann überhaupt nichts von Richies anderer Leidenschaft, die jetzt leider verschüttet war. Weil er selbst früher gerne Tischtennis gespielt hatte, überlegte er sofort, ob sich im Keller des Hauses nicht eine Tischtennisplatte aufbauen ließe.

Als Richies Mutter und ihr Freund gingen, hatte ich das Gefühl, Zuversicht geweckt und den ersten Anstoß zu einer Veränderung gegeben zu haben. In festgefahrenen Situationen ist es immer hilfreich, Pläne zu entwickeln, die nicht nur helfen sollen, das Problem aus der Welt zu schaffen, sondern die auch eine Perspektive auf etwas Neues, Unbekanntes eröffnen. Die Vorstellung, gemeinsam Tischtennis zu spielen, versprach Aktivität, Spaß und die Aussicht, innerhalb der Familie ein Gemeinschaftsgefühl zu entwickeln.

Kurze Zeit später erhielt ich einen sehr netten Anruf von Richies Mutter. Der häusliche Friede sei wiederhergestellt, sagte sie, und sie hätten gute Vorsätze gefasst und sogar schriftlich festgehalten.

Seither haben sich Richies Schulleistungen deutlich verbessert, und seine Chancen, das Abitur zu schaffen, stehen nicht schlecht. Nach Richies eigener Aussage spielt der Computer immer noch eine wichtige Rolle in seinem Leben, aber mit Unterstützung des Lebensgefährten seiner Mutter habe er angefangen, eigene Spiele und Animationen zu entwickeln. Er könne sich vorstellen, später beruflich in diesem Bereich zu arbeiten. Es gebe zwar immer noch Diskussionen zu Hause, aber die bezögen sich mehr auf andere Themen, zum Beispiel die Verteilung der Hausarbeit, als auf die Dauer seines Computerspiels.

Wenn wir Erwachsenen unseren Kindern und Jugendlichen helfen wollen, mit den verführerischen Medien der heutigen Zeit umzugehen, ohne ihnen zum Opfer zu fallen, müssen wir uns die Mühe machen, diese Medien zu verstehen, und wir müssen ihre Reize an uns selbst ausprobieren. Erst der Selbstversuch und die daraus gewonnenen Erkenntnisse machen uns zu authentischen und kompetenten Gesprächspartnern. Dazu kann es auch notwendig sein, sich in Computerspiele hineinzudenken oder Videos und Filme anzuschauen, die sich an eine jüngere Zielgruppe richten. Vor kurzem war ich mit meinem Neffen in James Camerons Film »Avatar«. Ausgerüstet mit einer 3-D-Brille, die räumliches Sehen vortäuscht, habe ich eine bunte Mischung aus Science-Fiction, Indianergeschichte, Kriegsfilm und »Dschungelbuch« erlebt, verbunden mit einer Einführung in die Esoterik. Neben mir saßen mit offenem Mund Kinder, die bereits ähnliche Abenteuer in ihrer virtuellen Welt zu Hause erleben oder sich demnächst Spiele mit vergleichbaren Animationen wünschen.

Solche Filme mitsamt ihrem riesigen Angebot an Merchandising-Artikeln sind Produkte einer gigantischen Unterhaltungsindustrie, vor der wir uns in Acht nehmen müssen. Bei unkritischem Konsum könnten unsere Kinder sonst nämlich vor lauter Vergnügen den Blick für das Wesentliche in ihrem Leben verlieren und mit Haut und Haaren von dieser Welt des Scheins aufgefressen werden. Generelle Ablehnung und Verbote helfen allerdings nicht weiter. Vielmehr müssen wir den Kindern helfen, die Strategien von Produzenten zu durchschauen, die zum Beispiel Computerspiele anbieten, in denen die Rahmenhandlung von Blockbuster-Filmen aufgegriffen wird, oder die Accessoires verkaufen, mit denen wiederum für diese Filme geworben wird. Wenn Kinder und Jugendliche das System erst einmal begriffen haben, sind sie weniger verführbar, dafür kritischer und mündiger in ihren Entscheidungen, etwas zu tun oder auch zu lassen.

In den Schulen brauchen wir deshalb vermehrt Pädagogen, die Heranwachsenden nicht nur im realen Leben, sondern auch im virtuellen Dschungel Wege weisen können. Es reicht nicht, auf die Gefahren hinzuweisen, sondern wir müssen die Schülerinnen und Schüler in die Lage versetzen, virtuelle Angebote realistisch einzuschätzen und dort gemachte Erlebnisse im Unterricht zu verarbeiten. Dazu kann es auch gehören, dass Ähnlichkeiten zwischen Heldensagen und einem modernen Kriegsspiel aufgezeigt werden. Die moderne Computertechnik mit ihrem Schnickschnack ist zwar verführerisch, aber die Ideen, die hinter Computerspielen stecken, stammen oft aus literarischen Texten, die auch heute noch spannend zu lesen sind und die Phantasie der Jugendlichen anregen können.

Die virtuelle Welt hat einen entscheidenden Nachteil, den wir uns zunutze machen sollten: Sie ist eine körperlose Welt, in der der natürliche Bewegungsdrang der jungen Menschen unberücksichtigt bleibt. Das ist genau die Lücke, die attraktive Sportangebote schließen können. Vielleicht ist die Wahl einer Kampfsportart ja die ideale Ausstiegsmöglichkeit aus der Spielleidenschaft eines Jungen, der nächtelang virtuelle Kämpfe in der Welt der Kriegskunst austrägt.

Während die meisten Jungen mehr an Online-Rollen-spielen interessiert sind, tummeln sich Mädchen im Internet vor allem in den sozialen Netzwerken. Dazu gehören Chatforen wie Knuddels.de, Instant-Messaging-Programme wie ICQ und Online-Communitys wie SchülerVZ und StudiVZ. Die Gefahr des Abdriftens oder gar völligen Abtauchens in die virtuelle Welt ist dort zwar geringer, weil auf den Plattformen im Netz Beziehungen zwischen realen Personen geknüpft und unterhalten werden, dennoch lauern bei dieser Form des Austausches zwischen Kindern und Jugendlichen eben-falls Gefahren, denn Daten im Internet sind bekanntlich manipulierbar, für viele zugänglich und bleiben auf un-absehbare Zeit gespeichert.

Wenn sich Erwachsene entschließen, private Daten und Informationen auf Internetplattformen preiszuge-ben, dürfen wir zumindest hoffen, dass sie die Risiken realistisch einschätzen können. Doch auch ihnen fällt die Kontrolle nicht immer leicht, zumal dann, wenn die Offenlegung privater Daten mit vermeintlichen oder tatsächlichen Privilegien verbunden wird, zum Beispiel der kostenlosen Nutzung eines E-Mail-Accounts, und dadurch die Hemmschwelle sinkt.

Gerade Kindern und Jugendlichen aber fehlen oft die Lebenserfahrung, die Weitsicht und auch ein gesun-des Misstrauen für den verantwortungsvollen Umgang mit den digitalen Angeboten. In Internet-Communitys werden sie aufgefordert, sich unter Angabe von Hobbys, Freunden, Lieblingsfächern, Geburtsdatum und so weiter persönlich vorzustellen. Manche zeigen selbst private Fotos von sich in öffentlich zugänglichen Bereichen. Die Nachteile dieser Zurschaustellung werden leider oft zu spät erkannt. Diese bittere Erfahrung mussten zwei Schülerinnen unserer Schule machen, die Fotos von der letzten Abiparty ins Netz stellten, auf denen sie in alkoholisiertem Zustand zu sehen waren. Sie staunten nicht schlecht, als sie im Bewerbungsgespräch für einen Ausbildungsplatz bei einer Bank ausgerechnet auf diese Fotos angesprochen wurden und schließlich mit der Begründung aus dem Bewerbungsverfahren ausschieden, ihr Verhalten sei nicht mit dem seriösen Image der Bank vereinbar.

Bei der Teilnahme an den virtuellen Aktivitäten scheinbar harmloser Online-Communitys wie StudiVZ, Facebook oder SchülerVZ machen sich Kinder und Jugendliche aber nicht nur gegenüber Erwachsenen angreifbar. Das Internet verführt durch die physische Distanz zu den anderen Teilnehmern zuweilen auch dazu, sich anders zu verhalten als im direkten Umgang miteinander. Wenn es kein unmittelbares Feedback gibt, ist die Versuchung groß, hämische oder verletzende Kommentare abzugeben, bis hin zu massiven Beleidigungen oder Ehrabschneidungen. Es gibt zwar in den Communitys Verhaltensregeln, aber die können solche Auswüchse leider nicht immer verhindern. Im Gegenteil, manchmal laden die Sprachregelungen sogar dazu ein, dass man sie durch geschickte Formulierungen oder die

Benutzung von Metaphern zu umgehen versucht und so für Belustigung sorgt. Besonders Kinder, die nicht oder nur unzureichend gelernt haben, in einer Gruppe Gleichaltriger zu agieren, sind in solchen Internetforen oftmals überfordert, denn wie im wirklichen Leben kommt es auch dort darauf an, sich gegenüber anderen zu behaupten, bei Konflikten zu vermitteln, Kompromisse zu schließen und eigene Fehler einzugestehen.

Menschen lernen den fairen Umgang mit anderen am besten, wenn sie sich von Angesicht zu Angesicht begegnen. Durch die Nutzung aller ihrer Sinne haben sie dann die Möglichkeit, die Wirkung des eigenen Verhaltens auf das Gegenüber und die Gruppe zu beobachten. Das ist ein wichtiges Korrektiv. Hat man zum Beispiel jemanden mit einer unbedachten Bemerkung verletzt oder beleidigt, erkennt man das an dessen traurigem oder wütendem Gesichtsausdruck. Eine solche Reaktion bewirkt ein ungutes Gefühl oder ein schlechtes Gewissen beim »Angreifer« und veranlasst ihn, sich zu entschuldigen. Geschieht das nicht, erfolgt vielleicht durch die Gruppe eine entsprechende Aufforderung: »So kannst du das aber nicht stehenlassen.« Auf diese Weise lässt sich der Konflikt in der Regel gütlich beilegen.

Ganz anders sieht es allerdings beim Mobbing aus, denn dabei werden Gemeinheiten oder Diffamierungen meistens indirekt oder als lustige Bemerkung getarnt auf das Opfer abgefeuert. Da reicht ein spöttischer Blick oder eine hämische Bemerkung, wenn sich eine bestimmte Schülerin oder ein bestimmter Schüler meldet. Oder man wendet sich ab und beachtet das Gegenüber erst gar nicht. Ziel ist es in allen Fällen, den Betreffenden zu erniedrigen und zu isolieren. Unsichere Kinder werden häufiger zu Mobbingopfern, und zu allem Unglück suchen sie meist auch noch die Schuld bei sich selbst. Aus Scham werden die Hänseleien dann gegenüber Eltern und Lehrern oft lange verschwiegen.

Leider nimmt das Mobbing unter Schülern immer mehr zu. Zum Teil lässt sich dies sicher auf sinkende Empathiefähigkeit bei den betreffenden Kindern und Jugendlichen zurückführen. Eine andere Ursache könnten auch die schlechten Vorbilder und Beispiele aus den Medien sein. Andere »fertigzumachen« ist in Mode gekommen und sichert Zuschauerquoten. Ein Übriges tun die zeitliche Überforderung der Lehrer und die oft ungenügende Ausbildung zu Themen wie Persönlichkeitsentwicklung und Konfliktmanagement in der Schule. Durch Internetkommunikation wird dem Mobbing unter Schülern weiter Vorschub geleistet, weil die Opfer scheinbar regungslos alles ertragen und sich das Mitgefühl der Gruppe in der Anonymität des Netzes nicht entfalten kann. Besonders an weiterführenden Schulen kommt es deshalb immer öfter zu Fällen von »Cyber-Mobbing«, bei denen einzelne Schüler im Internet oder mittels Handy gehänselt, gequält und ausgegrenzt werden. Experten nehmen an, dass mittlerweile zwischen zehn und fünfzehn Prozent aller Schülerinnen und Schüler solchen Verleumdungen oder Bloßstellungen durch entwürdigende Fotos, Filme oder Fotomontagen ausgesetzt sind. Eine besonders brutale Form des Mobbings ist das sogenannte »Happy Slapping«. Dabei wird die physische Misshandlung des Opfers per Handy oder Videokamera gefilmt und anschließend im Internet verbreitet.

An unserer Schule gab es unlängst einen Fall von Mobbing, in den ich als Schulleiter einbezogen wurde, als sich die Drangsalierungen immer mehr steigerten. Das betroffene Mädchen, Irina, ist eine Schülerin mit klaren Zielen. Sie möchte unbedingt studieren und arbeitet deshalb fleißig für die Schule, um einen guten Abiturdurchschnitt zu bekommen. Einigen Mitschülern war Irinas strebsames Verhalten offensichtlich ein Dorn im Auge. Hinzu kommt, dass Irinas Familie vor nicht allzu langer Zeit von Polen nach Deutschland übergesiedelt ist und das Mädchen deshalb einen leichten polnischen Akzent hat. Irinas Rolle als Außenseiterin verstärkte sich auf einer Klassenfahrt, bei der sich die meisten anderen Schüler sportlich profilieren konnten, sie als unsportliche Jugendliche aber im Abseits stand.

Die Schikanen und Hänseleien einiger Mitschüler begannen schon während der Klassenfahrt und steigerten sich nach der Rückkehr. Aus einem anfänglich leichten Raunen, wenn Irina im Unterricht etwas sagte, wurde nach und nach ein deutlich vernehmbares Grunzen, wie das eines Schweins. Die Lehrer schritten ein und maßregelten Irinas Mitschüler. Vor allem Cornelia, die die treibende Kraft zu sein schien, wurde in einem persönlichen Gespräch mit Nachdruck aufgefordert, Irina in Ruhe zu lassen. Offensichtlich ohne Erfolg, denn kurze Zeit später fand Irina bei SchülerVZ einen Eintrag von Cornelia, in dem sie zur Gründung eines Vereins zur »Abschaffung des polnischen Hausschweins« aufrief. Gemeint war natürlich Irina, die sich auch sofort angesprochen fühlte. Unter den »Vereinsmitgliedern« entdeckte sie später einige Namen aus ihrer Klasse. Irina schwieg zu dieser Verunglimpfung, in der Hoffnung, dass sich die Sache bald beruhigen würde. Stattdessen erschien einige Zeit später am selben Ort das Foto eines Schweins, auf dessen Körper man ihren Kopf montiert hatte. Irina war entsetzt und beschloss nun, ihren Klassenlehrer um Hilfe zu bitten. Der zeigte sich schockiert über das Verhalten seiner Schüler und forderte sie auf, sich bei Irina zu entschuldigen und das Bild unverzüglich zu löschen.

Die Mobbing-Spirale konnte durch diese Maßnahme leider nicht gestoppt werden; zwar verschwand das Foto bei SchülerVZ, kurze Zeit später tauchte es aber als Bildschirmschoner auf dem Klassen-PC auf. Vom Klassenlehrer darauf angesprochen, erklärten die Schüler: »Ist doch nur ein Scherz. Irina hat sich auch gar nicht besonders aufgeregt.« An dem Punkt hielt Irina es nicht mehr aus und kam mit ihrem Klassenlehrer zu mir. Ich fragte sie, was passiert sei. Sofort schossen ihr die Tränen in die Augen, und mit zittriger Stimme sagte sie: »Ich kann nicht mehr. Die lassen mich nicht in Ruhe. Ich werde gemobbt.«

Bis dahin hatte ich angenommen, so etwas sei an unserer Schule unmöglich, denn unsere Vereinbarung mit den Schülern, Aggression in jeglicher Form zu ächten, würde so etwas verhindern. Leider hatte ich mich getäuscht. Inzwischen weiß ich, dass die permanente Aggression eines einzigen Jugendlichen schon ausreicht, um das gemeinschaftliche Mobbing eines »passenden« Opfers in Gang zu setzen. Doch wie wird ein Jugendlicher zum Mobber, und wie gelingt es ihm, geeignete Mitläufer zu finden?

Sozialverhalten entsteht durch Erfahrung und durch Vorbilder. Wenn Eltern und Erzieher den Standpunkt vertreten, es sei besser, auszuteilen als einzustecken, prägt das die Art, wie Kinder mit anderen umgehen, und zwar unabhängig von der Zugehörigkeit zu einer bestimmten sozialen Schicht. Beim Mobbing geht es im Wesentlichen darum, Stärke zu demonstrieren. Mobber streben nach Macht und benutzen ihre Opfer, um die eigene Position unter den Mitschülern zu festigen und sich Anerkennung zu verschaffen. Der Konflikt zwischen Täter und Opfer ist dabei nur von untergeordneter Bedeutung; im Zentrum steht die Dynamik in der Gruppe. Je mehr Mitläufer der Täter gewinnt, desto mehr wächst sein Ansehen und desto stärker ist seine Position. Mobber haben oftmals ein schwaches Selbstwertgefühl und versuchen, dies über das Mobbing zu kompensieren. Sie demütigen andere, um sich selbst aufzuwerten. Opfer kann jeder werden, der schwach erscheint und im Klassenverband wenig Rückhalt hat.

Die Mobbing-Spirale als gruppendynamischer Prozess fängt vielleicht mit einer einzigen dummen Bemerkung eines einzelnen Schülers an und kann sich so weit steigern, dass alle Schüler einer Klasse beteiligt sind, ob aktiv als Schikaneure oder passiv als Beobachter oder mutlose Erdulder der Situation. Je mehr Schüler aktiv mitmachen, desto mehr Auftrieb bekommt der Anführer und desto eher traut er sich, auch vor den Augen der Lehrer zu mobben.

Viele Mobbingopfer versuchen, sich den erniedrigenden Angriffen und Schikanen zu entziehen, indem sie die Flucht ergreifen und auf eine andere Schule wechseln. Leider führt das nicht immer zu einer Besserung, denn Jugendliche tauschen sich in den Online-Communitys schulübergreifend aus, so dass die Gefahr besteht, dass sich der Grund für den Schulwechsel schon vor dem Eintreffen des Opfers an der neuen Schule verbreitet und die Demütigungen womöglich von vorne losgehen.

Unsere Schülerin Irina, die aufgrund des andauernden seelischen Stresses unter großer Niedergeschlagenheit und psychosomatischen Beschwerden wie Bauchschmerzen litt, wollte aber nicht an eine andere Schule, sondern hoffte einfach nur, dass der Psychoterror so schnell wie möglich aufhörte. Ich erklärte ihr, dass mir das Ganze sehr leidtue, dass ich andererseits aber auch ihr Durchhaltevermögen bewunderte. Anschließend überlegten wir gemeinsam mit dem Klassenlehrer, wie wir die Situation in den Griff bekommen könnten. Auf der Suche nach einem ersten Ansatzpunkt für eine Lösung erkundigte ich mich bei Irina, ob sie noch gute Freunde oder Freundinnen in der Klasse habe. Sie nannte mir zwei Namen.

Um eine weitere Polarisierung zwischen den unterschiedlichen Gruppen innerhalb der Klasse zu vermeiden, verzichtete ich auf Sanktionen und lud stattdessen Irinas Freunde zu einem Gespräch ein. Ich klärte sie über den Sachverhalt auf und bat sie dann um ihre Mithilfe. Zunächst versuchte ich herauszufinden, wie die Schüler der Klasse insgesamt zueinander standen. Irinas Freunde beschrieben das Klassenklima als eher durchwachsen; es gebe verschiedene Gruppen, so dass man von einer wirklichen Klassengemeinschaft nicht sprechen könne. Um in Erfahrung zu bringen, welche Gruppen in der Klasse existierten, fragte ich dann nach Sympathien und Antipathien unter den Schülern. Auf diese Weise wollte ich herausfinden, wer eher zur Tätergruppe gehörte, wer zur Opfergruppe, und wer sich eher neutral verhielt. Wie sich herausstellte, hatte Cornelia etwa vierzig Prozent der Schüler für sich eingenommen, aber immerhin hielten auch etwa zwanzig Prozent zu Irina. Weitere vierzig Prozent schienen an dem Konflikt unbeteiligt zu sein.

In einem nächsten Schritt ließ ich mir je einen typischen Vertreter jeder Gruppe nennen und lud diese zu einem gemeinsamen Gespräch ein. Nachdem ich ihnen erklärt hatte, worum es ging, bat ich sie, auf einer Skala von null bis hundert Prozent anzugeben, für wie gut sie das augenblickliche Klima in der Klasse einschätzten. Die Schüler kamen alle auf einen ähnlichen Wert, zirka dreißig Prozent. Das war nicht besonders überraschend, weil das Mobbing und die strenge Rüge des Lehrers die Stimmung unter den Schülern deutlich getrübt hatte. Ich fragte weiter, um wie viel Prozent sich das Klima ihrer Meinung nach verbessern ließe, wenn sich alle Beteiligten richtig anstrengen würden. Wir landeten dann bei einem Wert von insgesamt etwa siebzig Prozent. Als Nächstes forderte ich die Schüler auf, darüber nachzudenken, was jeder von ihnen dazu beitragen könne, dass der Klassenfriede wiederhergestellt würde. Die Vorschläge waren sehr unterschiedlich. Einer wollte Cornelia direkt ansprechen, die beiden anderen wollten sich verstärkt um Irina kümmern. Ein Klassenabend wurde angedacht, auf dem gemeinsame Regeln festgelegt werden sollten, damit es nicht noch einmal zum Mobbing in der Klasse kommen könne. Das Eis war gebrochen. Die Vertreter der drei Gruppen spürten ihre Aufgabe und sahen die Möglichkeit, durch eigenes Handeln zur Lösung der unangenehmen Situation beizutragen.

Zwei Wochen später bestellte ich auch Cornelia ein. Ihre Mitschüler hatten schon einiges bewirkt. Augenscheinlich machten sie sie für die schlechte Stimmung verantwortlich und forderten, dass sie aufhörte, auf Irina herumzuhacken. Als Cornelia bei mir erschien, hatte sie Tränen in den Augen und wirkte auch sonst eher gedrückt und kleinlaut. Ohne weitere Ausflüchte bat sie mich um Entschuldigung für ihr gemeinschaftsschädigendes Verhalten. Die Mitschüler hätten ihr die Augen geöffnet, wie ihre Angriffe auf Irina das Klassenklima verschlechtert hätten. Auch bei Irina habe sie sich schon entschuldigt. Ich klärte sie darüber auf, dass Mobbing ein Straftatbestand sei und dass sie großen seelischen Schaden bei Irina verursacht habe. Daraufhin bot Cornelia von sich aus an, ihr Opfer als Wiedergutmachung zu einem Essen zu sich nach Hause einzuladen. Irina hatte sich durch die Unterstützung ihrer Klassenkameraden inzwischen wieder so weit gefangen, dass sie die Einladung annahm. Die beiden Mädchen versöhnten sich, so dass Irina danach wieder unbeschwert zur Schule kommen konnte.

Wir hatten Glück, dass in diesem Fall bei allen Beteiligten genügend Einsicht vorhanden war, um eine gemeinschaftliche Lösung zu versuchen, und dass der Konflikt nicht schon so weit eskaliert war, dass das Mobbingopfer keine andere Möglichkeit sah, als die Schule zu verlassen. Denn dann wäre der Versuch vielleicht fehlgeschlagen, die Verantwortung bei den Schülern zu belassen und darauf zu vertrauen, dass auch im Interesse einer guten Klassengemeinschaft letztlich alle an der Lösung des Problems mitwirken wollten.

Bei Mobbing ist immer höchste Eile geboten und vor allem Fingerspitzengefühl erforderlich. Mobbingopfer leiden unter Schamgefühlen, weshalb sie dazu neigen, Eltern und Lehrer erst sehr spät zu informieren und stattdessen den Konflikt in sich hineinzufressen. Meist erfahren die Erwachsenen erst von der Ausgrenzung des Kindes oder Jugendlichen, wenn dessen Not so groß geworden ist, dass er oder sie unter psychosomatischen Störungen leidet, die sich nicht mehr verbergen lassen. Je länger der Prozess andauert, desto größer sind die seelischen und körperlichen Auswirkungen beim Opfer. Deshalb ist es so wichtig, auf Symptome wie Schlafstörungen, Bauchschmerzen, Antriebslosigkeit oder allgemeine Schulunlust zu achten und bei Auffälligkeiten intensiv nachzufragen.

Ein offenes Gespräch zwischen Eltern oder Lehrer und betroffenem Schüler setzt großes Vertrauen voraus. Dazu gehört, dass der Erwachsene sich genügend Zeit nimmt, genau zuhört und das Verhalten des Opfers nicht bewertet. Kinder, die gemobbt werden, wünschen sich vor allem Solidarität, Wertschätzung und eine klare Vorgehensweise. Außerdem brauchen sie eine Perspektive, wie es weitergehen kann, wenn die Täter aufgefordert werden, Farbe zu bekennen. Dahinter steckt die Befürchtung, dass durch die Einmischung der Erwachsenen neue Probleme erwachsen könnten. Diese Sorge gilt es, vorausschauend zu berücksichtigen. Auch die letzte Konsequenz, die polizeiliche Anzeige, sollte in einem solchen Gespräch erörtert werden. Vielen Jugendlichen ist gar nicht bewusst, dass Mobbing Persönlichkeitsrechte verletzt und damit einen Straftatbestand erfüllt.

Eltern sollten in aller Regel aber nicht versuchen, den oder die Täter selbst zu »stellen«, denn dann besteht die Gefahr, dass sie ihr Kind vor den Mitschülern bloßstellen und die Situation nur noch verschlimmern. Der rechtzeitige Gang zum Klassenlehrer oder zur Schulleitung hingegen kann schnell für klare Verhältnisse sorgen. In einem Fall habe ich drei Schüler, die eine Mitschülerin gemobbt hatten, aufgefordert, sich durch einen Aushang öffentlich bei ihr zu entschuldigen. Das Mädchen stand kurz vor der Abiturprüfung und war so niedergeschlagen, dass es nicht mehr in der Lage war, einen klaren Gedanken zu fassen, geschweige denn, sich auf die Prüfungen vorzubereiten. Ihre Mitschüler hatten aus »Spaß« ihr Foto mit Hilfe eines Bildbearbeitungsprogramms entstellt und auf dem Schulserver so platziert, dass es bei jedem Start des Programms erschien. Das Mädchen wünschte sich deshalb als Wiedergutmachung, dass die drei Mitschüler ihre Entgleisung der gesamten Schule offenbarten und sich öffentlich bei ihr entschuldigten. Die Jungen waren zu dem Aushang am Schwarzen Brett bereit und entschuldigten sich nicht nur, sondern warnten ihre Mitschüler auch vor derlei »Späßen« auf Kosten anderer.

Mit diesem Vorgehen beabsichtigte ich, den Jugendlichen klare Grenzen für ihr Verhalten aufzuzeigen. Außerdem wollte ich verhindern, dass sie die Unterdrückung und Demütigung einer Mitschülerin als positive Erfahrung mit ins Erwachsenenleben nahmen, denn letztlich schadet das Mobbing nicht nur den Opfern, sondern auch der jeweiligen Gemeinschaft, der Schule, der Universität oder dem Betrieb. Mobbing bindet Energien und wirkt sich dadurch leistungshemmend aus. Mobber schaden auch sich selbst, weil sie sich zwar in der Situation mächtig fühlen, gleichzeitig aber von ihrer Gruppe als rücksichtslos und unsensibel eingestuft werden, was letztlich ihre Stellung und in der Folge auch ihr Selbstwertgefühl eher schwächt als stärkt.

Um Mobbing zu verhindern, sind Eltern und Lehrer aufgefordert, durch ein gutes soziales Klima die Voraussetzung für ein friedliches Miteinander zu schaffen. Dazu ist es notwendig, von frühester Kindheit an wertschätzenden Umgang mit anderen einzuüben. Kinder müssen lernen, dass man einander begrüßt und sich voneinander verabschiedet. Dass man Fehler eingesteht und sich für körperliche oder seelische Schmerzen, die man jemandem zugefügt hat, entschuldigt. Dass man sich bedankt, wenn einem geholfen oder auch nur Aufmerksamkeit geschenkt wurde. Für Kinder, die so etwas zu Hause nicht gelernt haben, ist die Schule der geeignete Ort, um Versäumtes nachzuholen.

Gewaltprävention und Ächtung von Gewalt in jeglicher Form sind ebenfalls wichtige Voraussetzungen, um Mobbing zu verhindern. An den beschriebenen Fallbeispielen wird aber auch deutlich, dass mangelndes Selbstwertgefühl bei Tätern wie Opfern erheblich zum Konflikt beitragen kann. Deshalb gehören die Stärkung der Persönlichkeit und die damit einhergehende Verbesserung des Selbstwertgefühls zu den wichtigsten Aufgaben, die Elternhaus und Schule zu erfüllen haben.

Starke Kinder können auch schwere Krisen bewältigen

Traumatische Erlebnisse wie Unfälle, Tod eines Elternteils, Misshandlungen oder sexueller Missbrauch können von Kindern und Jugendlichen meist nur sehr schwer verarbeitet werden. Neben eventuellen körperlichen Verletzungen, die im günstigen Fall nach einiger Zeit wieder heilen, entsteht eine seelische Wunde, die die

Opfer manchmal ein Leben lang begleitet. Nur wenn es zum Beispiel mit Hilfe einer speziellen Traumatherapie gelingt, das Erlebte als Bestandteil der eigenen Geschichte zu verstehen und zu akzeptieren, kann das aus dem traumatischen Ereignis resultierende Gefühl von Ohnmacht und Hilflosigkeit überwunden werden.

Kinder, die traumatische Erlebnisse mit sich allein ausmachen müssen, laufen Gefahr, in eine Art Dauerstress zu geraten, sie können sich nur schlecht konzentrieren, leiden häufig unter Panikattacken und sind überdurchschnittlich stark suchtgefährdet. Manchmal werden sie zudem auch noch für den Leistungsabfall in der Schule oder für die möglicherweise aufkeimende Renitenz gegenüber Eltern und Lehrern bestraft, weil die wahren Gründe für die Verhaltensänderung verborgen bleiben.

Ich erinnere mich noch gut an den Fall der Schülerin Selin, die nach bestandenem Hauptschulabschluss auf unsere Schule kam, um die mittlere Reife zu machen, und von Anfang an große Unruhe in ihre neue Klasse brachte. Als ich Selin zum ersten Mal im Unterricht erlebte, hatte ich den Eindruck, dass sie zwar nach außen clever, cool und selbstbewusst wirkte, innerlich aber unter einer ungeheuren Anspannung stand.

Im Grunde gebärdete sich die Sechzehnjährige wie ein störrisches Kind. Als ich sie von ihrer Freundin Jasmin, die mit ihr gemeinsam von der Hauptschule zu uns gewechselt war, wegsetzen wollte, damit endlich Ruhe einkehrte, protestierte sie lautstark. Wenn man sie auf nicht gemachte Hausaufgaben ansprach, verdrehte sie nur die Augen und beschwerte sich anschließend über die schlechte Note, die ihr die Leistungsverweigerung einbrachte. Selin schien aus Prinzip allem und jedem zu widersprechen und versuchte andauernd, die Aufmerksamkeit von Lehrern und Mitschülern auf sich zu lenken. Mit der Zeit kam sie auch immer häufiger zu spät zum Unterricht und erschien tageweise überhaupt nicht in der Schule.

Nachdem die ersten pädagogischen Interventionen wie Ermahnungen des Klassenlehrers und ein Vier-Augen-Gespräch zwischen Selin und der Jahrgangsstufenleiterin erfolglos geblieben waren, wurden schließlich ihre Eltern zu einem Gespräch gebeten. Wie sich herausstellte, hatte Selin früher bereits Probleme in der Schule gehabt, weshalb sie auch in der neunten Klasse von der Realschule auf die Hauptschule gewechselt war. Dort hatte sie sich dann wieder gefangen und einen guten Abschluss gemacht. Selin habe ein sehr lebhaftes Temperament, erklärte die verunsicherte, aber bemüht wirkende Mutter, sie brauche wahrscheinlich einfach eine Weile, um sich an die neue Umgebung und die neuen Klassenkameraden zu gewöhnen.

Selin gelobte Besserung, doch nach kurzer Zeit war alles wieder beim Alten. Irgendwann sahen wir keine andere Möglichkeit mehr, als eine Klassenkonferenz einzuberufen, in der Hoffnung, dass Selin sich endlich über die Konsequenzen ihres Tuns klarwurde. Dieses Instrument kann eine heikle Angelegenheit sein, wenn die betroffenen Schüler den Eindruck gewinnen, vor ein Tribunal gestellt zu werden, dem sie auf Gedeih und

Verderb ausgeliefert sind. Das ist keine gute Voraussetzung, um die Beweggründe für die allgemeine Schulunlust oder das auffällige Verhalten herauszufinden und gemeinsam an einer Lösung des Problems zu arbeiten. Auch viele Eltern empfinden die »erzwungenen« Gespräche mit Schulleitung und Fachlehrern als ärgerlich, unangenehm oder peinlich.

Wichtig für den Erfolg einer Klassenkonferenz ist es deshalb, dass alle Beteiligten sich bemühen, auch einmal den Blickwinkel der anderen einzunehmen. Wie ein altes Indianersprichwort sagt: »Urteile niemals über einen Menschen, ehe du nicht drei Monde in seinen Mokassins gelaufen bist.« Dieser Perspektivenwechsel gelingt aber nicht, wenn eine Klassenkonferenz, wie es leider häufig geschieht, mit Vorwürfen und Anschuldigungen beginnt. Aus dem Grund habe ich es mir zur Gewohnheit gemacht, vor Beginn der Konferenz zwei kurze Vorgespräche zu führen. Erst gebe ich den Lehrern die Gelegenheit, mir ihren Unmut über das Fehlverhalten des Schülers zu schildern und sich so Luft zu verschaffen. Danach spreche ich – außerhalb des Konferenzraums – mit dem Schüler und seinen Eltern, um auch deren Sicht der Dinge zu erfahren. In diesem »Setting« erkläre ich, dass wir auf keinen Fall richten werden, sondern dem Schüler oder der Schülerin helfen wollen, den angestrebten Schulabschluss zu erreichen. So wird eine Vertrauensbasis geschaffen, die den Erfolg der Konferenz begünstigt. Zu diesem einführenden Gespräch gehört auch die Frage, ob es gewünscht wird, bestimmte Dinge, die vielleicht nicht öffentlich besprochen werden sollen, vorab zu klären. Außergewöhnliche Ereignisse in der Familie wie Tod, Krankheit, Trennung oder Arbeitslosigkeit sind keine Themen für ein solches Forum. Erst nach diesem Vorgespräch beginnt die eigentliche Konferenz mit einer kurzen Vorstellung der Beteiligten.

Unser Ziel bei der Klassenkonferenz mit Selin war es, dass sie ernsthaft über ihr Verhalten nachdachte und gemeinsam mit uns und ihren Eltern Handlungsalternativen entwickelte. Nach den einleitenden Worten versuchte ich deshalb, mittels sogenannter zirkulärer Fragen den erwünschten Perspektivenwechsel bei dem Mädchen herbeizuführen. Bei dieser Fragetechnik wird das Gegenüber zum Beispiel aufgefordert, Vermutungen über Empfindungen, Deutungen oder Beobachtungen anderer Beteiligter anzustellen. Wenn ich also den Schüler frage: »Was, glaubst du, denken deine Lehrer im Augenblick über dich?«, oder: »Wie fühlen sich jetzt wohl deine Eltern?«, kann er aus der Rolle des Betroffenen in die des Beobachters wechseln. Dadurch kommt es meist nicht nur zur Aufdeckung von falschen Vermutungen, sondern es werden auch die Kommunikationsmuster zwischen den Beteiligten deutlich. Außerdem zeigt sich die Bedeutung, die die anderen Beteiligten für das eigene Verhalten haben. So ergeben sich viele neue Informationen und Perspektiven. Oft sind zum Beispiel die Vorstellungen der Schüler von dem, was die Lehrer über sie denken, viel schlimmer als das, was diese wirklich meinen. Insgesamt entspannt sich die Atmosphäre durch diese Form der Gesprächsführung, und die Kommunikation wird offener und kooperativer.

Die Art der Fragen überrascht die Beteiligten oftmals, weil sie auf den ersten Blick belanglos und nebensächlich für die Aufklärung der »wahren« Sachverhalte erscheinen mögen.

Selin fragte ich bei der Konferenz zum Beispiel als Erstes: »Was, glaubst du, fühlt deine beste Freundin Jasmin in diesem Augenblick?«

Selin antwortete: »Wahrscheinlich leidet sie mit mir und hat Angst, dass ich von der Schule fliege und sie dann alleine ist.«

Als Nächstes wollte ich wissen: »Was, glaubst du, haben deine Eltern gestern Abend über die heutige Konferenz miteinander geredet?«

»Na ja, die haben wahrscheinlich auch Angst, was aus mir werden soll, wenn ich von der Schule fliege«, antwortete Selin.

»Und die Lehrer?«, fragte ich weiter.

»Die finden mich wahrscheinlich unerträglich und wollen mich einfach nur loswerden.« Sie schaute zerknirscht in die Runde und schien überrascht, als die anwesenden Lehrer die Köpfe schüttelten. Auch Selins Eltern hatten offensichtlich nicht mit dieser Reaktion gerechnet.

»Im Gegenteil«, machte sich der Klassenlehrer zum Wortführer. »Du hast doch das Zeug, den Abschluss zu schaffen, und dabei wollen wir dir helfen.«

Es folgten Ausführungen der Mutter, dass Selin früher ein aufgewecktes, »pflegeleichtes« Kind gewesen sei, das immer gute Noten mit nach Hause gebracht habe. Erst in der neunten Klasse habe sie die Lust an der Schule verloren.

»Haben Sie eine Erklärung für diese plötzliche Veränderung?«, fragte ich. Die Mutter antwortete eher zögerlich und ausweichend, dass das wohl entwicklungsbedingt sei. Der türkischstämmige Vater wollte sich nicht dazu äußern.

Jetzt fing Selin an zu weinen. Schluchzend erklärte sie, sie wolle unbedingt an unserer Schule bleiben, weil sie sonst von ihrer Freundin Jasmin getrennt würde. Außerdem sei es sehr wichtig für sie, die mittlere Reife zu machen, weil sie im Leben noch etwas erreichen wolle. Das Mädchen wirkte in diesem Augenblick so zerknirscht, dass sie kaum wiederzuerkennen war.

Im Folgenden lenkte ich die Aufmerksamkeit auf eine mögliche Lösung des Problems, indem ich versuchte, Handlungsalternativen zutage zu fördern. Deshalb überraschte ich Selin nun mit folgender Phantasie: Sie solle sich einmal vorstellen, sie habe eine Zwillingsschwester, die ihr aufs Haar gleiche und die bis zur achten Klasse exakt das gleiche Leben geführt habe wie sie. Danach hätten sich ihre Wege getrennt, und sie hätten verschiedene Erfahrungen gemacht. Angenommen, diese zweite Selin würde jetzt in unserer Schule auf Jasmin treffen, woran würde Jasmin erkennen, dass es sich nicht um ihre Freundin Selin handele?

Selin sah mich nachdenklich an, und erst nach einer ganzen Weile antwortete sie: »Jasmin würde wahrscheinlich eine Selin sehen, die freier und lockerer ist.

Wahrscheinlich ist sie auch weniger zickig und will nicht dauernd im Mittelpunkt stehen.«

Ich fragte weiter: »Glaubst du, dass sie die zweite Selin genauso gern mögen würde wie ›ihre‹ Selin?«

Selin antwortete: »Ich glaube, dass sie sie vielleicht noch lieber hätte.«

Anschließend fragte ich, ob andere Personen auch Unterschiede zwischen den beiden Selins bemerken könnten.

Selin antwortete: »Ja, mein Freund und meine Eltern.« Auf meine Frage, was ihnen an der zweiten Selin auffallen würde, antwortete sie: »Sie wäre mutiger und besser gelaunt.«

Mit diesen Fragen hatte ich bei Selin Vorstellungen geweckt, wie ihr Leben aussehen könnte, wenn sie ihr Verhalten ändern würde, also so handeln wie die imaginierte zweite Selin.

Nur wer eine möglichst konkrete Vorstellung davon hat, was auf ihn zukommt, kann sich entscheiden, ob er einen bestimmten Weg gehen will. Als Nächstes fragte ich Selin deshalb, woran man den größeren Mut und die bessere Laune bei ihrer Zwillingsschwester festmachen könne. Im Hinblick auf den größeren Mut gab sie an, dass die zweite Selin einen festen Standpunkt vertrete, sich mehr zutraue und zu ihren Entscheidungen stehe. Die bessere Laune erkenne man an ihrem freundlicheren Umgangston, an der größeren Toleranz und dem Respekt gegenüber anderen.

Selin hatte durch den Perspektivenwechsel nach und nach Eigenschaften und Verhaltensmuster benannt, die sie offenbar für erstrebenswert hielt und die einen Ausweg für sie eröffnen konnten. Jetzt kam es nur darauf an, dass sie sich vornahm, sich in Zukunft so zu verhalten wie ihre imaginäre Zwillingsschwester. Und sie musste sich darauf einlassen, der Schule gegenüber Garantien für die Einhaltung ihrer guten Vorsätze zu formulieren. Ich fragte Selin deshalb, ob wir ihre Vorsätze in Bezug auf Umgangston, Toleranz und Respekt ins Protokoll aufnehmen dürften und sie als fest vereinbarte Versprechen gelten könnten. Selin war damit einverstanden.

Die anwesenden Lehrer unterstützten dieses Vorgehen und erklärten, dass sie Selin wöchentlich nach dem Unterricht eine kurze Rückmeldung über ihr Verhalten geben wollten. Die Eltern versprachen, nach einer Rückbesinnung auf die Ereignisse des Tages am selben Abend ebenfalls konkrete Vereinbarungen mit Selin zu treffen, zum Beispiel sollten feste Zeiten für das abendliche Nachhausekommen verabredet werden, damit Selin morgens fit für die Schule sei. Zum Abschluss fragte ich Selin, wie ihre Freundin Jasmin ihr helfen könne. »Sie soll mich einfach anstupsen, wenn ich aus der Rolle falle.«

Am Ende der Konferenz folgte die aus formalen Gründen notwendige Ermahnung, dass wir weiteres Fehlverhalten nicht dulden könnten und Selin bei fortgesetzten Störungen oder unentschuldigtem Fehlen von der Schule ausgeschlossen werden müsse. Selin war sichtlich erleichtert, dass die Sache für sie so glimpflich abgelaufen war. Sie wurde danach zwar keine Musterschülerin, erschien aber regelmäßig zum Unterricht, und die Störungen ließen deutlich nach. Sie wurde in die nächste Klasse versetzt, schaffte den Realschulabschluss und besuchte anschließend sogar eine weiterführende Schule.

Jahre später traf ich Selin zufällig wieder, und es entspann sich ein Gespräch zwischen uns. Sie erzählte mir voller Stolz, dass sie Psychologie und Politologie studiert habe und nun als freie Journalistin arbeite. Dass Schüler, wenn sie ehemalige Lehrer treffen, gerne von ihrem gelungenen Lebensweg berichten, liegt auf der Hand, schließlich stellt deren Wertschätzung und Anerkennung, auch wenn sie manchmal erst viele Jahre später erfolgt, eine Art Belohnung für die Anstrengungen dar, die die »Ehemaligen« im Verlauf ihrer Berufsausbildung oder ihres Studiums auf sich genommen haben. Das gilt insbesondere für diejenigen, die nicht geradlinig, sondern auf Zickzackkurs ans Ziel gekommen sind.

Wir unterhielten uns eine ganze Weile, und bei dieser Gelegenheit erfuhr ich von Selin auch die eigentliche Ursache für ihr damaliges auffälliges Verhalten. Sie erzählte mir, dass sie als Vierzehnjährige von einem Mann, in dessen Hundepension sie ausgeholfen und dem sie vertraut hatte, sexuell missbraucht worden war. Dieses Ereignis habe sie völlig aus der Bahn geworfen. Sie habe sich unendlich geschämt und sich außerdem schuldig gefühlt, weil sie glaubte, gegen den Ehrbegriff ihres türkischstämmigen Vaters in Bezug auf voreheliche Sexualität »gehandelt« zu haben.

»Ich machte mir große Vorwürfe, hatte auf einmal

zu nichts mehr Lust und konnte nachts nicht schlafen. Eigentlich wollte ich gar nicht mehr leben, deshalb war mir die Schule auch völlig egal«, erklärte sie ihr damaliges Verhalten. »Meine Lehrer haben meinen plötzlichen Leistungsabfall und meine aufsässige Art natürlich nicht verstanden.« Nach einer Reihe von Gesprächen und der Versetzung in die Parallelklasse habe man den Eltern geraten, die Tochter von der Realschule auf die Hauptschule zu schicken.

Selin hatte Glück, der Schulwechsel war im Nachhinein eine gute Entscheidung. Das lag zum einen an der fürsorglichen, mütterlichen Art, mit der ihre Klassenlehrerin sie aufnahm, und zum anderen an der guten Atmosphäre, die in der neuen Klasse herrschte. Hier lernte Selin auch Jasmin kennen, der sie sich eines Tages anvertraute, wodurch der innere Druck ein wenig nachließ.

Kurz nach dem Wechsel auf unsere Schule habe sie sich unsterblich verliebt, fuhr Selin fort. Mit dem Jungen seien ihre Eltern aber nicht einverstanden gewesen, weshalb sie die Verbindung mit allen Mitteln zu verhindern suchten. »Dadurch kam alles wieder hoch. Ich fühlte mich total unverstanden und ging in Konfrontation zu meinen Eltern. Abends kam ich spät nach Hause, ich schlief wenig und war tagsüber gereizt und fühlte mich unter Druck. Die Auswirkungen davon haben Sie ja selbst erlebt.«

Ich sprach mit Selin auch über die Klassenkonferenz, und es war interessant zu hören, wie sie die Situation damals empfunden hatte. Vorher habe sie Angst und ein schlechtes Gewissen ihren Eltern gegenüber gehabt, weil sie sie in diese unangenehme Situation gebracht hatte. Nachher habe sie aber gespürt, dass man ihr zugehört hatte, dass man sie verstand und alle ihr helfen wollten – ihre Eltern, ihre Lehrer und ihre Freundin Jasmin.

»Jasmin hat mich in dieser kritischen Zeit unglaublich unterstützt«, erklärte Selin. »Und irgendwie hat auch meine Familie die Kurve gekriegt. Meine Mutter und ich haben danach viel miteinander geredet, sogar über meine Erlebnisse in der Hundepension. Wir haben zusammen geweint, uns aber nicht unterkriegen lassen, sondern uns alle wieder zusammengerauft.« Ihre Mutter habe ihr kurz nach der Klassenkonferenz gebeichtet, dass sie schon früh geahnt habe, was vorgefallen war. Ihr habe aber der Mut gefehlt, die Tochter darauf anzusprechen, was ihr inzwischen sehr leidtue.

Nachdem Selin sich ihrer Mutter anvertraut hatte und auch der Vater in die Gespräche mit einbezogen worden war, fand die Familie eine Psychotherapeutin, die Selin half, das Erlebte zu verarbeiten. Während der Zeit der Therapie sei sie so richtig erwachsen geworden, sagte sie mir.

Am Beispiel von Selin werden die Grenzen schulischer Interventions- und Hilfsmöglichkeiten deutlich, denn im Grunde konnten wir bei ihr nur eigene und familiäre Ressourcen aktivieren. Dass das in einem solchen Fall nicht genügt, zeigt nicht zuletzt Selins »Rückfall« nach dem Wechsel auf unsere Schule. Erst durch die professionelle psychotherapeutische Hilfe gelang es dem jungen Mädchen, ihr Trauma zu bewältigen.

Die Tatsache, dass Selin es geschafft hat, ihre traumatischen Erlebnisse hinter sich zu lassen und ihrem Leben eine positive Wendung zu geben, könnte man vorschnell darauf zurückführen, dass sie einfach Glück gehabt hat. Die psychologische Forschung legt aber nahe, dass es sich lohnt, näher zu ergründen, warum das junge Mädchen letztlich nicht aus der Bahn geworfen wurde.

Seit geraumer Zeit beschäftigt sich die Psychologie – genauer gesagt, die Resilienzforschung – mit der Frage, warum manche Menschen trotz traumatischer Erlebnisse in der Kindheit oder anderer widriger Umstände erfolgreich ihr Leben meistern, während andere an einem ähnlichen Schicksal zerbrechen. In diesem Zusammenhang rücken Persönlichkeitsmerkmale ins Blickfeld, die wie ein Schutzschild wirken und dem Menschen helfen, Herausforderungen erfolgreich zu bestehen. Während die Forscher anfangs davon ausgingen, es handele sich hierbei um angeborene Stärken, untersuchen sie seit einigen Jahren zunehmend den Einfluss individueller, familiärer und sozialer Faktoren, die maßgeblich sind für die Herausbildung von Widerstandskräften gegen zukünftige Krisen und Belastungen.

Die in Deutschland geborene Entwicklungspsychologin Emmy Werner gilt als Begründerin der Resilienzforschung. Während andere Forscher sich mit den negativen Folgen körperlicher und seelischer Risikofaktoren beschäftigten, suchte sie nach Schutzfaktoren, die ein gelingendes Leben trotz widriger Umstände ermöglichen. Der Begriff Resilienz stammt aus der Material-

wirtschaft und beschreibt dort die Elastizität, Spann-
kraft oder Unverwüstlichkeit eines Werkstoffes. In der
Psychologie versteht man darunter Stressresistenz und
psychische Widerstandsfähigkeit.

In einer Langzeitstudie begleitete Emmy Werner
zusammen mit ihrer US-amerikanischen Kollegin Ruth
Smith von 1955 an über vierzig Jahre etwa siebenhun-
dert Kinder von der hawaiianischen Insel Kauai. Ihr
Augenmerk richteten die beiden Psychologinnen besonders auf diejenigen Kinder, die sich trotz zahlreicher
Risikofaktoren wie Komplikationen bei der Geburt,
Problemen im Elternhaus oder Missbrauch im Verlauf
ihres Lebens gut entwickelten, während andere Kinder
unter ähnlichen Verhältnissen langfristig litten und in
ihrer Entwicklung deutlich beeinträchtigt waren. Die
sich gut entwickelnden Kinder gingen erfolgreich zur
Schule, hatten realistische Berufsziele und kamen dank
ihrer sozialen Kompetenzen im privaten und beruflichen Bereich gut zurecht, teils sogar besser als Kinder,
die vergleichbaren Belastungen nicht ausgesetzt waren.
Im Alter von vierzig Jahren waren sie auch deutlich gesünder als der Durchschnitt der Gleichaltrigen.[12]

Weitergehende Studien belegen, dass eine ausgeprägte Resilienz Krisen zwar nicht verhindern kann,
den Umgang mit schwierigen Situationen durch den
Zugriff auf persönliche Ressourcen aber erleichtert.
Emmy Werner unterscheidet in diesem Zusammenhang
drei Gruppen von Schutzfaktoren: persönliche, familiäre und soziale. Zu den persönlichen Schutzfaktoren
gehören Eigenschaften, die im Kindesalter an den Teil-

nehmern der Langzeitstudie festgestellt wurden: Kinder mit einer ausgeprägten Resilienz wirkten im Alter von zwei Jahren besonders fröhlich, sie waren motorisch und sprachlich überdurchschnittlich aktiv und konnten sich selbst besser helfen als andere. Im Alter von zehn Jahren waren sie geschickter und zeigten sich interessierter an der Lösung von Aufgaben. Wenn Selins Mutter ihre Tochter als besonders pflegeleichtes, unkompliziertes Kind beschrieb, das bis zur achten Klasse in der Schule und auch sonst keinerlei Probleme hatte, benannte sie damit genau die Persönlichkeitsmerkmale, die Selin dabei halfen, ihre Krise zu bewältigen.

Zu den Eigenschaften, die Emmy Werner an resilienten Kindern im Jugendalter beobachtete, gehörte auch das Gefühl, selbstwirksam zu sein, also etwas bewirken zu können und stolz darauf zu sein. Dazu passen Selins ausgeprägter Wille, im Leben etwas erreichen zu wollen, sowie ihre Fähigkeit, Pläne zu schmieden und diese auch zu realisieren.

Als familiäre Schutzfaktoren nennt Werner die Möglichkeit, innerhalb der Familie enge Bindungen zu emotional stabilen Bezugspersonen aufzubauen und zu pflegen. Feste Regeln und verlässliche Strukturen innerhalb der Familie sowie die Orientierung an männlichen Vorbildern wirkten sich positiv auf die Resilienz von Jungen aus. Die Resilienz von Mädchen war in Familien, in denen Unabhängigkeit einen hohen Stellenwert hatte und in denen es eine weibliche Vertrauensperson gab, besonders ausgeprägt. In Selins Leben gab es zwar nach dem Missbrauch eine Phase großer Unsicherheit, in der das Verhältnis zwischen ihr und ihren Eltern gestört war, aber nachdem sie sich ihrer Mutter endlich anvertraut hatte, stand diese ihr bedingungslos zur Seite. Insgesamt hält Selins Familie eng zusammen, wie sie mir bei unserem zufälligen Treffen erzählte; Selin liebt ihre Eltern und akzeptiert mehr oder weniger auch die väterliche Werteordnung.

Unterstützung erfuhr Selin auch durch ihr soziales Umfeld, das verantwortlich ist für die Herausbildung der sozialen Schutzfaktoren. Ihre Freundin Jasmin ging mit ihr durch dick und dünn und gab ihr nach dem traumatischen Erlebnis emotionalen Rückhalt. Zu dem Personenkreis, der laut Emmy Werner eine wichtige Ressource für Resilienz darstellt, zählen aber nicht nur Gleichaltrige. Auch ältere Vertraute, die ihnen in Krisenzeiten mit Rat und Tat zur Seite stehen oder als Vorbilder dienen, wirken sich stärkend auf die psychische Widerstandskraft von Kindern und Jugendlichen aus.

Die Frage ist nun, was wir als Lehrer und Eltern tun können, um die Resilienz der Kinder und Jugendlichen zu fördern. Kinder werden, wie gesagt, meistens glücklich geboren. Erst durch traumatische Erlebnisse, wie in Selins Fall, oder durch Niederlagen und Fehlschläge, wie in Cornelius' Fall, werden sie unglücklich. Wenn dann noch belastende Rahmenbedingungen wie die Trennung der Eltern, ein Umzug in eine fremde Stadt oder andere negative Begleitumstände wie Spielsucht oder hoher Alkoholkonsum des Jugendlichen hinzukommen, besteht die Gefahr, dass sie aus der Bahn geworfen werden.

Damit aus glücklichen Kindern glückliche Erwachsene werden können, ist es notwendig, dass sie sich Widrigkeiten nicht hilflos ausgesetzt fühlen, sondern in der Lage sind, ihr Leben in die Hand zu nehmen und aktiv zu gestalten. Und dabei können wir Erwachsenen ihnen helfen, indem wir ihnen Strategien und Wege aufzeigen, um ihre natürliche Ausdauer und Anpassungsfähigkeit zu stärken.

Eine wichtige Kompetenz, die es in Elternhaus und Schule zu fördern gilt, ist die Fähigkeit, sich selbst richtig einzuschätzen. Wie sehe ich mich? Wie sehen mich die anderen? Eine negative Selbsteinschätzung führt dazu, dass Kinder sich abhängig von der Meinung anderer machen und neidisch auf die vermeintlich Besseren sind. Zu einer positiven Selbsteinschätzung gehört das Gefühl, wertvoll zu sein und geliebt zu werden. Kinder, die sich geliebt und anerkannt fühlen, haben keine Angst, Fehler zu machen und negativ beurteilt zu werden. Sie können sich auch besser selbst motivieren und sind dadurch ausdauernder als andere. Sie trauen sich etwas zu, fühlen sich kompetent und übernehmen gerne Verantwortung, wenn man sie nur lässt.

Bedingungslose Liebe und Wertschätzung der Eltern bilden wichtige Schutzfaktoren für das Kind. Zur Resilienz gehört aber auch die Fähigkeit, emotionale Aspekte eines Ereignisses neu zu bewerten, sozusagen das Gute am Schlechten zu entdecken, indem eine problematische Situation in Teilaspekte zerlegt und jeder Aspekt für sich bewertet wird. Was ist zum Beispiel das Gute an der Auseinandersetzung mit dem Lehrer, den

Eltern oder dem Freund? Mögliche Antworten könnten lauten: »Immerhin habe ich mich getraut, meine Meinung zu sagen«, oder: »Zum Glück habe ich sachlich argumentiert und bin nicht wütend aus dem Zimmer gelaufen«, oder: »Meine Eltern waren sehr traurig über meine Reaktion, offensichtlich habe ich sie verletzt. Aber es war schön, dass wir uns nach dem Streit wieder in den Arm nehmen konnten.«

Zu den Hilfen, die wir Kindern an die Hand geben können, damit sie stark und widerstandsfähig werden, gehören natürlich auch Strategien zum konstruktiven Umgang mit Konflikten und dem in Konfliktsituationen empfundenen Stress. Eine wichtige Rolle bei der Konfliktbewältigung spielt der erwähnte Perspektivenwechsel, also die Fähigkeit, sich in die Lage anderer hineinzuversetzen, um deren Sicht der Dinge, deren Argumente und Handlungen besser zu verstehen und dadurch den Weg frei zu machen für eine Lösung, mit der beide Konfliktparteien zufrieden sind. Hilfreich ist es auch, Kindern vorzumachen, wie man einen Konflikt aus der Vogelperspektive betrachtet und dadurch neue Strategien zur Problemlösung entwickeln kann. Der aus dem unmittelbaren Geschehen herausgelöste, erweiterte Blickwinkel lässt zum einen mehr Objektivität zu, zum anderen wird die emotionale Betroffenheit reduziert.

Kinder sollten außerdem frühzeitig lernen, wie vorteilhaft kooperative Strategien sein können und dass es auch im Konfliktfall mehrere Gewinner geben kann. Der Streit im Sandkasten um den Lastwagen des einen oder die Schaufel des anderen eskaliert nur so lange, wie die

Kinder nicht erkannt haben, dass das Spiel mehr Spaß macht, wenn beide ihre »Schätze« einbringen und gemeinsam damit spielen.

Für diese Lernprozesse brauchen Kinder viel Zeit, stetige Übung und vor allem erwachsene Vorbilder. Wenn die Eltern beim Nachbarschaftsstreit oder im Stau auf der Autobahn fortwährend ihren negativen Emotionen freien Lauf lassen und nur darauf aus sind, ihre eigenen Interessen durchzusetzen, werden sich die jungen Sprösslinge der Familie ähnlich aggressiv und uneinsichtig gebärden.

Kinder können glückliche, friedfertige und widerstandsfähige Persönlichkeiten werden, wenn sie frühzeitig lernen, konstruktiv mit Frustrationen und negativen Emotionen umzugehen. Und wenn sie ihre inneren Stärken kennen, die ihnen helfen, sich ihren Möglichkeiten entsprechend zu entwickeln.

Die inneren Stärken entdecken

Mit Cäsar den Rubikon überschreiten

Als der römische Senat am 7. Januar des Jahres 49 vor Christus entschied, dass Julius Cäsar sein Heer auflösen müsse, trat dieser nur drei Tage später mit dem Ausspruch »alea iacta est«, »der Würfel ist gefallen«, vor seine Soldaten und überschritt mit ihnen den Grenzfluss Rubikon. Sicherlich keine einfache und schnelle Entscheidung, denn Cäsar wusste, dass es für ihn danach kein Zurück mehr geben würde. Die Überschreitung des Rubikons war eine eindeutige Kriegserklärung an das Römische Reich, das jede bewaffnete Überquerung verboten hatte. Wie wir aus der Geschichte wissen, war es auch Cäsars erster Schritt zur Eroberung Roms und später Spaniens. Noch heute steht die Wendung »den Rubikon überschreiten« für die Bereitschaft, eine wichtige Entscheidung unwiderruflich zu treffen.

Als Rubikonmodell der Handlungsphasen[13] hat dieses historische Ereignis Einzug in die Motivationspsychologie gehalten, die sich mit den Motiven des menschlichen Handelns, dessen Grundlagen und Zielen beschäftigt. Die Psychologen Heinz Heckhausen und Peter Gollwitzer, die das Rubikonmodell entwickelt haben, unterteilen menschliches Handeln in vier Phasen: Abwägung, Planung, Handlung und Bewertung. Der Schritt über den Rubikon erfolgt in diesem Modell, wenn als Folge des Abwägens eine Entscheidung getroffen wird, die sich auf ein bestimmtes zu verfolgendes Ziel festlegt.

In der ersten Handlungsphase geht es nach Heckhausen und Gollwitzer darum, aus einer Vielzahl von möglichen Wünschen und Träumen einen herauszufiltern, dessen Realisierung möglich und in diesem Moment wichtig erscheint. Erinnern wir uns an Cornelius und seine Teilnahme am Talentwettbewerb. Am Anfang gab es für den Jungen nur die verlockende Vorstellung, auf scheinbar mühelose Weise ein Star zu werden. In der Phase des Abwägens, ob er sich bei »Deutschland sucht den Superstar« bewerben soll oder nicht, malte er sich seinen Erfolg wahrscheinlich in allen Einzelheiten aus und ließ sich vielleicht eine Weile von seinen bildhaften Vorstellungen treiben. Dann überlegte er sicher auch noch rational, wie viel ihm die Teilnahme bedeutete und ob er wirklich Erfolg haben könnte. Am Ende der ersten Handlungsphase überquerte er dann mit großer Motivation Dieter Bohlens Rubikon, indem er den Entschluss fasste, sich anzumelden.

In der zweiten Phase des Modells findet die Planung statt, also die Vorbereitung der Handlung. Es geht jetzt nicht mehr um die Frage, was man anstrebt, sondern nur noch darum, mit welchen Mitteln sich das gesetzte Ziel erreichen lässt. Deshalb werden jetzt vor allem positive Hinweise wahrgenommen. Die vermeintliche Leichtigkeit der Superstar-Akteure auf dem Bildschirm und die

Vorfreude auf den scheinbar greifbaren Erfolg werden Cornelius in dieser Phase in seiner Absicht bestärkt haben.

In der dritten Phase geht es um die konkrete Handlungsausführung, die nur noch zu stoppen ist, wenn plötzlich Ziele auftauchen, die wichtiger erscheinen als das bisher angestrebte Ziel. Cornelius' erstes Casting leitete diese Phase ein, in der ihm die konkurrierenden schulischen Ziele zunehmend langweilig und unwichtig erschienen, also keine Konkurrenz für das Superstar-Ziel darstellten.

Die vierte Phase folgt auf die Erreichung oder Nichterreichung des Ziels und ist durch die Bewertung der Handlung gekennzeichnet. In dieser Phase entstehen Gefühle wie Freude und Stolz oder – wie bei Cornelius, der es nicht bis zum Superstar schaffte – Ärger und Enttäuschung. Der Prozess endet, wie er begonnen hat, mit mehr oder weniger bewussten Emotionen. Im Erfolgsfall führt die Zufriedenheit dazu, dass neue Energien aktiviert werden und im Hinblick auf vergleichbare Handlungen eine positive Erwartungshaltung entsteht. So wirken bekanntlich gute Noten in der Schule viel motivierender als schlechte. Ein Sieg im Sport bewirkt mehr als das verbissene Zusatztraining nach der Niederlage, und mit Wertschätzung verbundene Erfolge im Berufsleben erhöhen das Engagement der Mitarbeiter manchmal mehr als die tariflich vereinbarte Gehaltserhöhung.

Niemand käme auf den Gedanken, in Zeiten des Erfolgs die Frage »Wofür tue ich das eigentlich?« in den

Mittelpunkt seiner Überlegungen zu stellen, denn erstrebenswerte Ziele und die zur Umsetzung notwendige Motivation entstehen dann scheinbar von ganz allein. Es gibt aber auch Phasen in unserem Leben, die weniger glücklich verlaufen. Nach schweren Krankheiten, Unfällen, Arbeitsplatzverlust oder anderen Schicksalsschlägen gilt es, die innere Balance wiederzufinden und genügend Energie zu mobilisieren, um einen neuen Anfang machen zu können. Dazu muss man zunächst herausfinden, für welche Ziele es sich lohnt, Mühen und Anstrengungen in Kauf zu nehmen.

Vom Vorsatz zur Tat

Für erwachsene Patienten einer Rehaklinik bei Heidelberg habe ich einen Kurs zur Förderung des ganzheitlichen Wohlbefindens entwickelt, einen »Glückskurs«, der ihnen helfen soll, die innere Harmonie für ein gelingendes und möglichst gesundes Leben wiederzufinden. Ich stütze mich dabei auf das Rubikonmodell, mit Schwerpunkt auf dem Übergang von der ersten Phase des Abwägens hin zur zweiten Phase des Planens.

Die Rehaklinik ist für diese gesundheitlich mehr oder weniger stark eingeschränkten Patienten der Ort der Entscheidung, wie ihr Leben nach dem Klinikaufenthalt weitergehen soll. Mit Hilfe von Übungen versuche ich, in den verschiedenen Phasen des Rubikonmodells

Entscheidungen zu begünstigen, die den Lebensstil der Patienten positiv verändern. Im Mittelpunkt des Kurses steht also die Schaffung und Erhaltung des seelischen, körperlichen und sozialen Wohlbefindens, ohne das es kein Glücksempfinden gibt. In insgesamt zwölf Stunden, die auf drei Wochen verteilt sind, geht es darum, Wünsche herauszufinden, Ressourcen zu aktivieren, Erwartungen zu wecken und vor allem Ziele zu formulieren, die auf Dauer realisierbar sind.

Während der ersten Stunden des Kurses sind die Patienten oft noch sehr skeptisch, ob es überhaupt möglich ist, Wohlbefinden zu erlernen. Um ihnen die guten Gefühle rasch zu verschaffen, habe ich die vier Phasen des Rubikonmodells um die Phase null – die Phase der Stärkung – erweitert. In dieser Phase geht es zunächst darum, dass die Patienten ihre verloren geglaubten Stärken wiederfinden und sich selbst positiv einschätzen. Dadurch wird nicht nur ihre Stimmungslage verbessert, also tatsächlich Wohlbefinden erzeugt. Die positiven Gefühle steigern auch später in der Phase des Abwägens die subjektiv empfundene Wahrscheinlichkeit, das angestrebte Ziel tatsächlich erreichen zu können.

Nachdem sich die Gruppe in kleinen Rollenspielen und Übungen kennengelernt hat, teilen die Patienten einander die positiven Eigenschaften oder Fähigkeiten mit, die sie am anderen festgestellt haben. Zu den beliebtesten Übungen in dieser Phase null zählt die »warme Dusche«, bei der ein Teilnehmer mit dem Rücken zur Gruppe sitzt und die übrigen ihm nacheinander seine positiven Wesensmerkmale zurufen. Um einen noch nachhaltigeren Effekt zu erzielen, erhalten die Patienten in einer der nächsten Sitzungen sogenannte Stärkebögen. Das sind Pappbögen in DIN-A4-Größe, die auf dem Rücken eines Patienten befestigt werden und auf die die anderen Kursteilnehmer die Stärken des Betreffenden schreiben. Am Ende hat jeder ein Sammelsurium guter Eigenschaften, aus denen er sich die besten drei auswählen kann. Die Kliniksekretärin schreibt diese drei positiven Eigenschaften oder Fähigkeiten auf ein kleines Kärtchen, das laminiert und beim nächsten Mal als individuelle Stärke-Scheckkarte zurückgegeben wird.

Um den Patienten ihre inneren Stärken bewusstzumachen, benutze ich auch kleine Aufstellungsrituale. Das sind keine Familienaufstellungen, wie sie aus der systemischen Therapie bekannt sind, sondern lediglich Möglichkeiten, die anderen Kursteilnehmer als Repräsentanten für eigene Eigenschaften oder Ressourcen einzubinden und diese damit zu veranschaulichen. In der »Vier-Elemente-Übung« sitzt ein Teilnehmer in der Mitte des Raumes auf einem Stuhl und wählt für die Elemente Feuer, Wasser, Erde und Wind je eine Patientin oder einen Patienten aus der Gruppe aus, die sich dann auf Anweisung des Sitzenden um ihn herum aufstellen. So steht je nach eigenem Empfinden das Feuer gegenüber, der Wind im Rücken, das Wasser auf der linken Seite und die Erde auf der rechten Seite. Der Teilnehmer benennt nun nach und nach die Eigenschaften, die er mit den Elementen für sich verbindet. So steht Erde zum Beispiel für Standfestigkeit, Feuer für Energie, Wind für Inspiration und Wasser für das Fließen der eigenen Kraftströme. Die Teilnehmer nehmen die Assoziationen auf und tragen sie dem in der Mitte Sitzenden noch einmal laut vor. Durch das erneute Aufsagen werden die Stärkeeigenschaften der Elemente von ihm noch bewusster wahrgenommen und können auch emotional als persönliche Stärken gespeichert werden. Das festigt den Glauben an die eigene Person und gibt Selbstvertrauen.

Die Übungen und Reflexionen in Phase null schaffen unter den Patienten ein ausgeprägtes Vertrauensverhältnis. So berichtete eine Teilnehmerin, dass sie sich seit langem in der Gesellschaft anderer nicht mehr so wohl gefühlt habe.

In den darauffolgenden Stunden versuche ich gemeinsam mit den Patienten, aus vielleicht nur diffus vorhandenen Bedürfnissen klare Vorstellungen zu entwickeln. Phantasiereisen sind wunderbar geeignet, den Zugang zum Unterbewussten zu öffnen und geheime Wünsche aufzuspüren, deshalb lade ich die Teilnehmer zunächst zu einer gedanklichen Reise an einen imaginierten Lieblingsort ein. Am Ende der Reise fordere ich sie auf, die Wunschvorstellungen, die sie mit diesem Ort verbinden, mit Wachsmalstiften auf der Rückseite ihres Stärkebogens bildhaft festzuhalten. Durch diese Übung soll eine erste gedankliche Verbindung zwischen Wunsch und eigenen Ressourcen hergestellt werden. Zur weiteren Vertiefung und Verfestigung dieser gedanklichen Verbindung können sich die Teilnehmer anschließend mit einem Partner ihrer Wahl über ihre Wünsche und Stärken austauschen.

In der nächsten Stunde geht es dann darum, den Rubikon zu überschreiten. Die Teilnehmer beginnen die Überquerung damit, dass sie aus dem Wunschbild auf der Rückseite ihres Stärkebogens ein verbales Ziel formulieren. Dieses Ziel muss zwei Kriterien erfüllen. Erstens darf es nicht allzu konkret sein, es sollte also nicht lauten: »Ich nehme zwanzig Kilo ab.« Zweitens darf es kein Vermeidungsziel sein. »Ich esse künftig keine Schokolade mehr« oder »Ich rauche nicht mehr« scheiden als Zielsetzung deshalb aus. Stattdessen könnte es heißen: »Ich möchte mich in meinem Körper wohl fühlen und gesund leben.«

Wenn ein passendes Ziel gefunden ist, folgt ein weiteres Aufstellungsritual. Vor Beginn der Übung lege ich auf dem Boden eine Markierung mit einer Skala von eins bis zehn fest. Hinter der Zahl Zehn wird nun an der Wand oder auf einem Board das von einem bestimmten Teilnehmer gemalte Bild mit dem aufgeschriebenen Ziel aufgehängt. Nun fordere ich diesen Teilnehmer auf, sich auf der Skala so aufzustellen, dass deutlich wird, wie nah oder fern er sich seinem Ziel glaubt. Die Eins bedeutet »ganz weit weg«, und die Zehn steht für »ganz dicht dran am Ziel«. Die meisten Teilnehmer stellen sich im Bereich zwischen Eins und Fünf auf, weil sie sich noch weit entfernt von ihrem Ziel fühlen. Das Aufstellen benötigt einige Zeit und ist für den Betreffenden nicht einfach, weil dabei eine starke Wechselwirkung zwischen Kognition und Emotion stattfindet. Die Teilnehmer sind oft sehr zögerlich und unschlüssig, denn in ihnen kreisen Fragen wie: »Wo stehe ich eigentlich?«,

»Wie fühle ich mich?«, »Kann ich mich trauen, mich so weit nach vorne zu stellen?«.

Um ihm den Schritt über den Rubikon zu erleichtern, bitte ich den Teilnehmer, nachdem er sich aufgestellt hat, für die drei Eigenschaften auf seiner Stärke-Scheckkarte drei Repräsentanten aus der Gruppe auszuwählen. So steht zum Beispiel Herr Maier für die Ausdauer und Frau Müller für die Freundlichkeit. Die Repräsentanten stellen sich in einer Reihe hinter den betreffenden Teilnehmer und berühren jeweils mit den Händen die vor ihnen stehende Person. Jetzt soll sich der ganz vorn stehende Patient mit allen Sinnen vorstellen, er habe das Ziel schon erreicht. Wie werden die Menschen in seiner Umgebung reagieren, wenn er sein Ziel erreicht hat? Welche Farben, Klänge oder Gerüche nimmt er dann wahr? Die Teilnehmer erleben bei dieser Aufstellung große Freude, wenn das Ziel vor ihnen erreichbar scheint und ihre Stärken im wahrsten Sinne des Wortes hinter ihnen stehen. Anschließend wiederhole ich die Frage, wie nah sich der Teilnehmer seinem Ziel fühlt. Zur eigenen Überraschung geht nach der konkreten Zielvorstellung fast jeder mindestens einen Schritt nach vorne und nähert sich damit sichtbar und spürbar seinem Ziel. Dieses Rubikonerlebnis soll beim Teilnehmer das Gefühl entstehen lassen, wie schön und wertvoll es ist, sein Ziel zu erreichen.

Ich mache diese Übung mit den Patienten der Rehaklinik, weil dadurch ihre Motivation gesteigert wird, sich dem gesetzten Ziel Schritt für Schritt zu nähern. Mit den bewussten Stärken im Rücken wird die subjektive

Erfolgswahrscheinlichkeit erhöht: »Ich kann es schaffen und spüre es mit dem ersten Schritt, der mich näher an mein Ziel heranführt.« Außerdem steigt der Wert der äußeren Belohnung (»Wenn ich es schaffe, schenken mir die anderen wahrscheinlich Anerkennung«) sowie der inneren Belohnung (»Ich werde mich gut fühlen, wenn ich mein Ziel erreicht habe«). Beides festigt den Willen, den gefassten Entschluss tatsächlich umzusetzen und damit einen wichtigen Schritt in Richtung gelingendes Leben zu tun. Studien belegen, dass Menschen, die an die Realisierung ihrer Ziele glauben, die ihre Fortschritte deutlich spüren und entschlossen sind, ihren Weg zu gehen, sich wohler fühlen als andere.

Im Anschluss an diese Zielübung fordere ich die Teilnehmer auf, jeder für sich einen konkreten Plan für die Zielerreichung zu erstellen. Zusätzlich sollen sie einen Plan B entwerfen, für den Fall, dass sich ihnen Hindernisse in den Weg stellen. Um nicht nur die rationalen, sondern auch die emotionalen Aspekte von Plan B aufzuspüren, machen wir eine Abschlussübung. Ein Teilnehmer wird aufgefordert, sein Zielbild am Ende der Strecke zu fixieren und ihm langsam entgegenzugehen. Vorher soll er aber auf dem Weg zum Ziel rechts und links jeweils einen Gegenstand als Symbol für eine seiner Stärken und für ein mögliches Hindernis aufstellen. Während er sich nun ganz langsam seinem Ziel nähert, schaut er abwechselnd auf die Stärke und auf das Hindernis. Indem seine Augen immer wieder zwischen Stärke und Hindernis hin und her pendeln, gewinnt die Stärke subjektiv an Kraft, während das Hindernis an

Bedeutung verliert. Sobald er diesen Effekt spürt, geht der Teilnehmer zur nächsten Stärke und zum nächsten Hindernis und wiederholt die Übung des Pendelns, bis er schließlich das Ziel erreicht hat.

Bei dem Kurs in der Rehaklinik können wir zwar nur die ersten Handlungsphasen einüben, wir verfolgen also in der Regel nicht, inwieweit die guten Vorsätze auch in die Tat umgesetzt werden, aber mit dem Überschreiten des Rubikons ist ein entscheidender Schritt getan. Das angeschlagene Selbstvertrauen wurde gestärkt, diffuse Wünsche wurden in konkrete Ziele verwandelt, und die Patienten haben mentale und emotionale Kraft geschöpft, um mit Hindernissen umzugehen. Die Rückmeldung fast aller Teilnehmerinnen und Teilnehmer, sie hätten sich im Kurs sehr wohl gefühlt und seien nun entschlossen, ihr Leben wieder in die Hand zu nehmen, zeigt uns, dass Glücksunterricht nicht nur in der Schule einen wertvollen Beitrag leisten kann. Das bestätigen auch die anonymen Erhebungen vor und nach dem Kurs, in denen unter anderem nach der Gemütsverfassung und der Zufriedenheit in bestimmten Lebensbereichen wie Gesundheit, Freundschaften oder Beruf gefragt wird. Der Vergleich zeigt, dass die allermeisten Patienten im Verlauf des Kurses neuen Mut fassen, nachher weniger Ohnmachtsgefühle hegen und ihre Lebenssituation insgesamt positiver beurteilen als vorher.

Sicherlich sind die Bedingungen, unter denen teils schwerkranke Patienten in einer Rehaklinik Ziele für ihr zukünftiges Leben finden sollen, ungleich schwieriger als bei den meisten Schulkindern, dennoch müssen auch junge Menschen sich zunächst ihre Stärken bewusstmachen, wenn aus Wunschträumen handfeste Ziele werden sollen.

Nun ist das leichter gesagt als getan. Fragt man Kinder und Jugendliche direkt nach ihren Begabungen und positiven Eigenschaften, bekommt man meist die Antwort, dass ihnen keine bewusst sind oder gerade keine einfallen. Bei der Frage nach ihren Schwächen sprudelt dagegen oft eine ganze Liste vermeintlicher oder tatsächlicher Eigenschaften aus ihnen heraus: Sie seien faul, unkonzentriert, ängstlich, schlampig – all das, was sie von Eltern und Lehrern an negativem Feedback bekommen und verinnerlichen.

Deshalb ist es so wichtig, den Kindern auch ihre Stärken bewusstzumachen. Ermunterungen wie »Du schaffst das schon« oder »Trau dich« sind aber noch zu allgemein. Je konkreter ein Zuspruch, desto besser wirkt er: »Du bist doch schnell und sicher im Kopfrechnen, da wirst du die Mathearbeit auch gut schaffen.« Oder: »Neulich habe ich gesehen, wie ruhig und sicher du den Ball beim Elfmeter im Torkasten versenkt hast, dann kannst du dich bei der Klassenarbeit bestimmt auch gut konzentrieren.« Je deutlicher der Zusammenhang zwischen der aktuellen Herausforderung und der persönlichen Stärke, desto leichter erscheint der Weg zum Ziel.

Oftmals erkennen Außenstehende die Talente und lobenswerten Eigenschaften eines Menschen besser als derjenige selbst. Wir machen uns ein Bild von uns aufgrund eigener Ansprüche und Erfahrungen, und dieses Bild unterscheidet sich von dem äußeren Eindruck, den wir hinterlassen. In der Psychologie nennt man das den »blinden Fleck«, den der Betroffene selbst nicht sieht, den andere aber wahrnehmen. Im Bereich dieses blinden Flecks sind die Fähigkeiten und Eigenschaften verborgen, die man nur mit Hilfe anderer aufspüren kann.

Bei der Kindererziehung ist es deshalb von großer Bedeutung, dass alle Beteiligten daran mitwirken, den Schatz der kindlichen Ressourcen zu bergen, um eine optimale Entwicklung ihrer Persönlichkeit zu ermöglichen. Dabei genügt es nicht, die sichtbaren Ergebnisse der Bemühungen unserer Kinder und Jugendlichen kurz zu loben; viel stärker und viel motivierender wirkt es, wenn wir ihre Leistungen ausführlich besprechen und würdigen. Wenn Kinder uns ihre selbstgemalten Bilder zeigen, verdient das zum Beispiel mehr als ein anerkennendes »schön«. Das Gemalte kann eine ganze Reihe von Detailfragen zum Motiv oder zur Technik auslösen, die das Interesse des Betrachters am jungen Künstler verdeutlichen und die individuelle Leistung hervorheben. Beim Sport oder bei der Lösung einer kniffligen oder kreativen Aufgabe lässt sich beispielsweise das Durchhaltevermögen oder die Beharrlichkeit des Jugendlichen betonen. Wenn wir genau hinschauen, finden sich überall Fähigkeiten, die es zu erwähnen und dadurch zu stärken gilt.

Als ich neulich einen fünfzehnjährigen Jungen fragte, was er am Nachmittag vorhabe, antwortete er mir: »Ich passe auf meine kleine Schwester auf.« Ich fragte weiter, ob das nicht langweilig sei. Die Antwort lautete: »Ich habe sie halt sehr lieb, deshalb macht es mir Spaß.« Auch solche altruistischen Haltungen oder empathischen Fähigkeiten verdienen eine Würdigung, denn sie verweisen auf eine ausgeprägte soziale Kompetenz.

Hilfreich beim Heben verborgener Schätze ist es auch, wenn Eltern und Lehrer genau nachfragen, was dem Kind wirklich Freude bereitet, und vor allem, warum es eine bestimmte Sache besonders gern tut. Das verstärkt die ohnehin schon vorhandene intrinsische Motivation, also das Gefühl, eine Sache aus eigenem Antrieb zu machen. Außerdem hilft es dem Kind, eigene Wünsche besser zu verstehen und aus individuellen Stärken abgeleitete Ziele intensiver zu verfolgen.

Es lohnt sich deshalb, die Stärken von Kindern nicht nur aufzuspüren, sondern sie auch zu sammeln und ihnen optisch verfügbar zu machen. Im Glücksunterricht an unserer Schule habe ich die Jugendlichen, ähnlich wie die Patienten in der Rehaklinik, aufgefordert, sich ihre Stärken gegenseitig auf ein Blatt Papier zu schreiben, das auf ihrem Rücken befestigt war. Um die Sache für sie noch etwas spannender zu machen, habe ich dann die Stärkebögen in einen Briefumschlag gesteckt, den sie mit nach Hause nehmen sollten. Erst dort durften sie ihn öffnen und sich die ihnen am wichtigsten erscheinenden Stärken heraussuchen.

Neben den erwähnten Stärke-Scheckkarten kann man bei jüngeren Schülern auch Schatztruhen basteln lassen, in denen sie ihre Stärken aufbewahren können. Oder man gibt ihnen ein DIN-A5-Blatt mit einem

»Stärke-Baum«, auf dessen Äste sie ihre persönlichen Stärken kleben können. Der Baum kann dann später zur Erinnerung im eigenen Zimmer aufgehängt werden.

Auch im Familienleben können solche oder ähnliche Übungen Anwendung finden. Ausgehend von einem schulischen oder sonstigen Erfolg ihres Kindes können Eltern sich zum Beispiel mit ihm gemeinsam auf die Suche nach den Ursachen für dieses positive Ergebnis machen. Auf unterschiedlich farbigen Kärtchen werden die möglichen Ursachen Zufall, fremde Unterstützung und eigenes Talent bildlich oder begrifflich erfasst und nach Farben säuberlich voneinander getrennt. Die Talente und Stärken werden dann sorgfältig in einem Schatzkästchen aufbewahrt oder auch an die Wand geheftet, wo sie immer wieder angeschaut werden können. Die Kärtchen für Zufall und fremde Unterstützung sind die Jokerkärtchen, die gesondert gesammelt werden.

Damit aus den Wunschträumen der Kinder konkrete Absichten werden, brauchen sie neben dem Glauben an die eigenen Stärken auch das Gefühl, dass die Anstrengung sich lohnt. Es ist deshalb in der Phase des Abwägens wichtig, nicht nur den Kopf, sondern auch den Bauch, also die Emotionen mit einzubeziehen. Unlängst war ich im österreichischen Graz, zum Startschuss des Pilotversuches »Glück macht Schule«, an dem sechs Schulen unter wissenschaftlicher Begleitung teilnehmen. Als ich beim Glücksunterricht in einer Grundschule hospitierte, forderte die Lehrerin die Kinder auf, sich aus unterschiedlichen Farbstiften einen herauszusuchen, dessen Farbe sie mit Glück in Verbindung brachten. Anschließend durften sie mit diesem Stift ein Bild malen oder die Farbe beliebig auf dem Blatt verteilen. Der Auftrag mündete anschließend in eine Vernissage, bei der die »Werke« im Klassenzimmer aufgehängt und einzeln von den Kindern erläutert wurden. Die Schilderungen der Acht- bis Zehnjährigen waren sehr spannend und aufschlussreich. So stand beispielsweise die Farbe Gelb für den Sonnenschein vom letzten Familienurlaub am Meer. Ein anderes Kind wählte Grün als Farbe der schönen Natur bei einer Wanderung, zu der es vorher gar keine Lust gehabt hatte. Ein Kind wählte Blau, die Farbe des neuen Autos, auf das die ganze Familie stolz war.

Das Entscheidende an dieser Unterrichtseinheit war, die Erinnerung an das glückliche Ereignis mental mit einer bestimmten Farbe zu verknüpfen. So kann die Erinnerung an die Farbe in Zukunft die Gefühlslage des Kindes aufhellen und vielleicht später beim Finden eines neuen Ziels zusätzlich motivieren.

Der Informatikprofessor Randy Pausch, der kurz vor seinem Tod der Nachwelt vermittelte, wie wichtig es ist, seine Träume zu verwirklichen, erzählte in seiner »Last Lecture«, dass er seine Eltern während der Highschool-Zeit bat, die Gedanken und Träume, die ihm im Kopf herumwirbelten, auf die Wände seines Zimmers malen zu dürfen. Sein Vater, der es liebte, wenn sich aus einem Funken Sehnsucht ein Feuerwerk der Begeisterung entfachte, willigte sofort ein und überzeugte auch Randys Mutter von dieser ungewöhnlichen Idee. So entstand nach und nach ein Zimmer mit Bildern, Texten und Formeln, die die Sehnsüchte und Ziele eines Jugendlichen verkörperten und Randy anspornten, sich mit ihnen auseinanderzusetzen und zu versuchen, sie zu realisieren.[14] Ich weiß nicht, ob es immer notwendig ist, ein ganzes Zimmer mit seinen Träumen zu schmücken, vielleicht reicht auch manchmal ein Pinnbrett, aber sicher trägt die Visualisierung dazu bei, dass aus vagen Sehnsüchten greifbare Ziele werden.

Um die positiven Absichten von Kindern zu verstärken, müssen die Bezugspersonen ihnen das Gefühl geben, dass sie hinter ihnen stehen. Das kann durchaus ganz wörtlich genommen werden, wie in der Übung, die ich mit den Patienten in der Rehaklinik durchführe. Die Studien der Resilienzforscherin Emmy Werner belegen, dass für das körperliche und seelische Wohlbefinden von Kindern die Unterstützung durch nahestehende Personen besonders wichtig ist.

Auch bei der Zielarbeit mit Kindern und Jugendlichen kann es sinnvoll sein, spielerisch Hindernisse aufzuspüren, die der Realisierung von Absichten möglicherweise im Weg stehen. Um den Kindern gedanklich auf die Sprünge zu helfen, beginne ich beim Glücksunterricht gerne mit einem persönlichen Beispiel: Ich möchte abends regelmäßig joggen, schaffe es aber oft nicht, obwohl ich Lust dazu habe und es meinem Körper guttun würde, ein paar Pfunde loszuwerden. Wenn ich die Kinder frage, was mich eigentlich daran hindert, kommen die Antworten meist recht schnell: »Sie haben keine Zeit«, »Sie sind zu faul«, »Sie haben etwas Besseres vor«, oder auch: »Vielleicht passt Joggen gar nicht zu Ihnen«. Anschließend fällt es den Schülerinnen und

Schülern wesentlich leichter, ihre eigenen Hindernisse zu benennen.

Als Nächstes steht nun an, ihnen aufzuzeigen, wie diese inneren oder äußeren Blockaden überwunden werden können. Dafür eignen sich besonders spielerische Übungen, bei denen ganz konkret Hindernisse aus dem Weg geräumt werden müssen. Das können zum Beispiel Sportgegenstände sein oder auch Personen, die sich stellvertretend für das Hindernis in den Weg stellen.

Vor einiger Zeit habe ich meine Glücksschüler aufgefordert, ihr wichtigstes Ziel für die allernächste Zukunft auf einen Zettel zu schreiben. Manche wünschten sich sehnlich, die Führerscheinprüfung zu bestehen oder ein sportliches Ziel zu erreichen, andere wollten unbedingt in die nächste Schulklasse versetzt werden. Anschließend bat ich die Mädchen und Jungen, mögliche Hindernisse auf dem Weg zu ihrem Ziel auf einem separaten Zettel aufzulisten.

Um die Schwierigkeiten bei der Zielerreichung körperlich erfahrbar zu machen, nahm ich sie dann mit auf den Sportplatz und befestigte den Zettel mit dem Ziel eines der Jugendlichen am Ende einer Laufstrecke an einer Markierungsstange. Die Aufgabe für den Betreffenden bestand nun darin, in Richtung Stange zu laufen und sich sein Ziel »zu holen«, also den Zettel wieder zu ergattern. Das war gar nicht so einfach, denn andere Jugendliche standen als Repräsentanten der von ihm notierten Hindernisse auf der Laufstrecke im Weg. So stand beispielsweise Carina für die Faulheit, Ingo für die

Ablenkung durch das häufige Computerspiel und Kai für die Angst vor Enttäuschung. Einfaches Wegschieben genügte meistens nicht, denn die Vertreter der Hindernisse hatten solchen Spaß an der Übung, dass sie sich wie Bollwerke aufbauten, die kaum zu überwinden waren. Letztlich gelang es aber allen Schülerinnen und Schülern durch große Anstrengung oder auch List, den Zettel mit dem eigenen Ziel zurückzuerobern.

Diese Übung sollte den Jugendlichen anschaulich machen, wie viel Mühe es bereiten kann, Hindernisse zu überwinden, wie groß aber auch die Genugtuung ist, wenn man trotzdem sein Ziel erreicht. In der anschließenden Reflexionsphase sagten die Schüler einhellig, dass das Erlebnis sie ermutigt habe, stärker gegen die tatsächlichen Hindernisse, zum Beispiel ihre eigenen Schwächen, anzukämpfen.

Aber auch die Pendelübung, wie ich sie in der Klinik durchführe, macht Kindern und Jugendlichen Spaß. Ich habe die Erfahrung gemacht, dass sie gerne in die Rolle der Ressourcen oder Schwächen ihrer Mitschüler schlüpfen, um ihnen auf dem gedanklichen Weg zum Ziel zu helfen. Diejenigen, die ihrem Ziel entgegenstreben und mit den Augen zwischen Ziel und Ressource hin und her pendeln, haben das Gefühl, es wirklich schaffen zu können. Sie berichten nach der Übung, dass ihre Mitschüler sie gestärkt haben und sie sich auf dem Weg zum Ziel nicht mehr so allein fühlten.

Wenn zu Hause keine geeigneten Stellvertreter zur Verfügung stehen oder niemand die Rolle der Blockade einnehmen möchte, können auch Gegenstände diese

Aufgabe übernehmen. Da möchte zum Beispiel ein Jugendlicher unbedingt als Schülersprecher kandidieren, traut sich aber nicht recht. Erst unlängst hat er in einer Familiendiskussion seine rhetorischen Fähigkeiten unter Beweis gestellt und dabei komplexe Sachverhalte präzise auf den Punkt gebracht. Der Ressource »argumentative Treffsicherheit« steht als Blockade die Angst entgegen, bei Auftritten vor der versammelten Schülerschaft keinen Ton herauszubekommen. Wählt man nun als Stellvertreter für das Lampenfieber eine Lampe und als Stellvertreter für die Treffsicherheit zum Beispiel einen gespannten Bogen mit einem Pfeil und nimmt der Jugendliche sich genügend Zeit, um durch intensive abwechselnde Betrachtung der beiden Objekte, beginnend beim Bogen, mit dem Blick hin und her zu pendeln, so stellt sich nach kurzer Zeit das Gefühl ein, dass die Blockade immer schwächer und die Ressource immer stärker wird. Dass diese Übung meistens gelingt, liegt vielleicht am natürlichen Drang des Menschen, sich Herausforderungen zu stellen und Widerstände aus dem Weg zu räumen.

Um die Motivation zur Überwindung von Hindernissen zu steigern, kann es sowohl in der spielerischen Übung als auch im wirklichen Leben sinnvoll sein, eine Belohnung für die Zielerreichung in Aussicht zu stellen. Materielle Belohnungen wie Geschenke, insbesondere Geld, haben aber in den meisten Fällen nicht denselben Stellenwert wie ideelle Belohnungen. Einen lange gehegten Traum zu realisieren, Stolz zu empfinden oder Anerkennung zu bekommen wirkt meist stärker als ein

Geschenk von außen. Manchmal sind äußere Belohnungen sogar störend, weil sie das Gefühl vermitteln, die geplante Anstrengung entspringe gar nicht dem freien Willen, sondern diene nur dem Erhalt der Belohnung. Solche Gefühle bremsen dann eher die Euphorie, die die Absicht eigentlich verstärken soll. Kinder wollen vor allem, dass ihre Eltern stolz auf sie sind, wenn sie sich angestrengt haben, um etwas zu erreichen. Sie wünschen sich aber auch die Anerkennung und Wertschätzung ihrer Lehrer oder Trainer.

In der Planungsphase vor der konkreten Handlung sollten bereits Möglichkeiten bewusstgemacht werden, anhand derer man die eigenen Fortschritte erkennen kann. Die Frage »Woran merkst du oder merken deine Eltern und Lehrer, dass du dich deinem Ziel näherst oder es erreicht hast?« hilft Kindern und Jugendlichen, konkrete Kriterien zu erarbeiten. Hat beispielsweise ein junger Fußballspieler den großen Wunsch, in der Länderauswahl mitzuspielen, und erklärt das zu seinem Ziel, so wird er antworten: »Der Trainer merkt es an meinem Trainingseifer, meine Eltern daran, dass ich meine Ausdauer durch Waldläufe verbessere, und mein Lehrer daran, dass ich ihn bitte, mich ab und zu von der Schule freizustellen.« Auf diese Weise wird dem Jungen klar, welche ganz konkreten Handlungen ihn seinem Ziel näher bringen können.

Bei der Vorbereitung von Schritten zur Zielerreichung kann es nützlich sein, auch Detailfragen zu berücksichtigen, zum Beispiel zur Zeiteinteilung. Gerade für junge Sportler, die schulische und sportliche Ziele verfolgen, ist es wichtig, durch gute Planung die unterschiedlichen Ambitionen unter einen Hut zu bringen. Vernachlässigen sie die Schule und erleben dann Misserfolge in Form von schlechten Noten, Versetzungsproblemen oder gar einem Schulausschluss, wirkt sich das in der Regel auch demotivierend auf die sportlichen Ziele aus. Es gibt nicht wenige Leistungssportler, die diese Balance zwischen zwei Kraftakten nicht geschafft haben und letztlich in beiden Bereichen erfolglos geblieben sind.

Wie findet der Wille seinen Weg?

Trotz bester Absichten gelingt es Kindern und Jugendlichen nicht immer, ihren Vorsätzen auch wirklich Taten folgen zu lassen. Der siebzehnjährige Kolja ist ein höflicher und zurückhaltender Junge. Unter den vielen Schülern unserer Schule wäre er mir vielleicht gar nicht aufgefallen, wenn wir uns nicht zufällig beim Joggen begegnet wären. Kolja machte gerade an einer Parkbank Dehnübungen, als ich mich, in Gedanken versunken, neben ihn stellte und ebenfalls anfing, meine Muskeln zu dehnen. Zunächst nahm ich ihn gar nicht richtig wahr, doch dann ertönte neben mir ein tiefer Bass: »Guten Morgen, Herr Fritz-Schubert.« Ich drehte mich um, und das Gesicht zur Stimme kam mir bekannt vor; offensichtlich einer unserer Schüler, der meinen Wunsch zur Verstärkung von Grußritualen von der Schule her kannte. Ich grüßte zurück, und dann stellte sich mir der Junge vor: »Ich heiße Kolja. Nächste Woche muss ich mit meiner Mutter zu einem Gespräch zu Ihnen kommen. Mir ist das total peinlich, aber ich habe so oft gefehlt, und meine Noten sind auch ziemlich schlecht.« Dieses Geständnis überraschte mich. Da traf ich zufällig im Wald einen so netten Schüler, und der stellte sich dann ausgerechnet als Schulschwänzer heraus und entschuldigte sich auch noch dafür. Ich nahm die Information zur Kenntnis, ohne groß darauf einzugehen, verabschiedete mich und lief leicht irritiert weiter.

Als ich am nächsten Tag in die Schule kam und der zuständigen Oberstufenleiterin von der Begegnung erzählte, war ihr sofort klar, um wen es sich handelte. Sie hatte den Termin für ihn mit meiner Sekretärin vereinbart, weil die wohlmeinenden Gespräche, die sie bisher mit Kolja geführt hatte, keinen Erfolg gezeigt hatten. Er gelobte zwar jedes Mal Besserung, fiel aber kurze Zeit später wieder in den alten Trott zurück. Mittlerweile hatte er eine ganze Reihe von unentschuldigten Fehltagen, kam unentwegt zu spät und machte nur selten seine Hausaufgaben.

Als Kolja ein paar Tage darauf mit seiner Mutter mein Zimmer betrat, entschuldigte er sich zunächst über Gebühr für die Umstände, die seine Unzuverlässigkeit uns verursache. Ich antwortete ihm, er solle sich um uns keine Sorgen machen, denn es gehe hier um ihn. Dann forderte ich ihn auf, seine Situation zu erläutern. Kolja berichtete, dass er auf die Schule überhaupt keine Lust mehr habe. Die Zeit während des Unterrichts scheine stehenzubleiben, und er werde immer müder. Wenn er dann nach Hause komme, könne er allerdings auch nichts Besonderes mit sich anfangen, weil er einfach zu erschöpft oder zu frustriert sei. So gehe das Tag für Tag, lediglich am Wochenende lohne sich das Leben. Am Freitag treffe er meistens Freunde, das könne dann länger dauern. Am Samstag schlafe er bis mittags, und danach habe er sogar Lust, Fußball zu spielen. Spätestens am Sonntagabend beschleiche ihn wieder so ein unbestimmtes, beklemmendes Gefühl. Er versuche dann, irgendwie das Nötigste für die Schule zu machen. Meistens klappe das aber nicht, und stattdessen surfe er im Internet, chatte oder telefoniere mit Freunden.

Als er geendet hatte, fragte ich ihn, ob es gar nichts gebe, was ihm so richtig Spaß mache. Kolja antwortete: »Früher war es das Fußballspielen. Ich sollte sogar nächstes Jahr in der ersten Mannschaft unseres Regionalligavereins spielen, aber dazu habe ich keine Lust, weil ich dann noch mehr trainieren müsste. Jetzt höre ich wahrscheinlich mit Fußball auf oder wechsle zu einem kleinen Verein, wo ich nur ganz wenig trainieren muss.«

Koljas Mutter schien ratlos zu sein. »Sie glauben gar nicht, wie oft ich ihm ins Gewissen geredet habe, dass er nicht so müde herumhängen soll. Schließlich ist er siebzehn und nicht siebzig.« Auf meine Frage, ob Kolja gesundheitliche Probleme habe, erklärte sie: »Nein, er ist kerngesund, das haben uns inzwischen schon drei Ärzte bestätigt.«

Jetzt fragte ich Kolja nach seinen Zielen. Die Antwort kam wie aus der Pistole geschossen: »Ich will Abitur machen.«

»Und wie soll das gehen?«, erkundigte ich mich.

»Ab jetzt lerne ich und komme regelmäßig zur Schule, das verspreche ich Ihnen.« Außerdem kündigte er an, sich ab sofort zwei Wecker zu stellen, damit er wirklich rechtzeitig wach würde. Zudem wolle er einen detaillierten Arbeitsplan erstellen und diesen strikt einhalten. Die Mutter dürfe das sogar kontrollieren.

Ich hatte meine Zweifel, ob Kolja das alles durchhalten würde. Die Versprechungen waren aus der Not geboren, und das ist meist keine gute Voraussetzung für eine Verhaltensänderung. Trotzdem beließ ich es bei einer Ermahnung und wies ihn darauf hin, dass er sich fortan unbedingt an die Regeln halten müsse, weil ich sonst gezwungen sei, ihn zunächst zeitweilig, später vielleicht sogar endgültig von der Schule zu verweisen.

Wie befürchtet hielten Koljas gute Vorsätze nicht lange. Schon nach wenigen Wochen lief alles wie zuvor. Weder die Erinnerungen seines Klassenlehrers, dass er doch wisse, was auf dem Spiel stehe, noch die Unterstützung seiner Eltern, die ihn morgens zu wecken versuchten, schienen Kolja ausreichend zu motivieren. Nach einem erneuten Gespräch mit ihm und seiner Mutter schloss ich ihn für einen Tag von der Schule aus und forderte ihn auf, mir seine Vorsätze für die Zukunft schriftlich zu erklären. Diese Strafe und seine ausführlichen schriftlichen Beteuerungen, dass er sich nun wirklich bessern werde, fruchteten jedoch abermals nicht.

Kolja war mittlerweile achtzehn geworden und konnte seine Entschuldigungen selbst schreiben, was dazu führte, dass er noch häufiger fehlte als vorher. Seine schulischen Leistungen waren inzwischen katastrophal. Wir mussten handeln. Ich berief eine Klassenkonferenz ein, weil jetzt die Entscheidung über den endgültigen Schulausschluss zur Debatte stand, an dem alle Lehrer des betreffenden Schülers zu beteiligen sind. Da es sich dabei um einen sehr weitreichenden und folgenschweren Schritt handelt, beschlossen wir, Kolja eine letzte Chance einzuräumen – sofern er bereit war, sich auf eine eher ungewöhnliche Maßnahme einzulassen. Er müsse, so lautete der Beschluss der Klassenkonferenz, unserem Hausmeister in den bevorstehenden Pfingstferien für eine Woche als unentgeltlicher Helfer zur Seite stehen. Anschließend solle er einen ausführlichen Tätigkeitsbericht erstellen, in dem er seine Erfahrungen schildere. Kolja willigte ein, offensichtlich dankbar, vorerst mit einem blauen Auge davongekommen zu sein.

Dazu muss gesagt werden, dass wir seit ein paar Jahren unseren Schülern statt des üblichen Nachsitzens Arbeitsstunden beim Hausmeister verordnen, wenn sie zum Beispiel regelmäßig zu spät zur Schule kommen oder fortwährend den Unterricht stören. Natürlich könnten Schüler oder Eltern auf die Idee kommen, diese Maßnahme rechtlich zu hinterfragen und die Arbeitsleistung zu verweigern. Tatsächlich hat sich das Verfahren bei uns aber widerspruchslos etabliert und wirkt deutlich heilsamer als das langweilige Nachsitzen.

Vielleicht ist es der gesunde Menschenverstand und

die pragmatische, unkomplizierte Herangehensweise unseres Hausmeisters, die das notwendige Schlüsselerlebnis erzeugt, um eine Haltungsänderung bei den Schülern herbeizuführen. Es gibt Menschen, deren persönliche Ausstrahlung und natürliche Authentizität auf Kinder und Jugendliche überzeugend wirken und die auch ohne ausgefeiltes pädagogisches Konzept erfolgreich erziehen und bilden können. Wenn das nicht so wäre, müsste man Millionen Eltern von ihren Erziehungsaufgaben entbinden oder sie durch einen »Elternführerschein« nachqualifizieren. Ausbilder im Betrieb, Trainer beim Sport und die vielen ehrenamtlichen Helfer in Kirche und Gesellschaft könnten dann ohne pädagogische Schulungen keine Menschen mehr führen und anleiten.

Natürlich kann man junge Menschen wie Kolja nicht jedem anvertrauen, aber unser Hausmeister nimmt regen Anteil am schulischen Leben und begegnet den Schülern offen, unkompliziert und vor allem wohlwollend, deshalb genießt er unser volles Vertrauen. Und die Jugendlichen mögen ihn ganz einfach. Er wird zum Ratgeber und Tröster und ermuntert sie nach Niederlagen, wieder aufzustehen. Dabei helfen ihm seine Erfahrungen als ehemaliger Leistungssportler und Jugendtrainer in einem der vielen Ringervereine, die es in unserer Gegend gibt.

Als mein Stellvertreter und ich kurz vor Ende der Ferien in die Schule zurückkamen, trafen wir auf ein gutgelauntes neues »Hausmeisterteam«. Offensichtlich klappte die Zusammenarbeit zwischen den beiden hervorragend. Auf mein Nachfragen äußerte sich der Hausmeister sehr zufrieden über Koljas Arbeitseinsatz. Der Junge sei immer pünktlich erschienen und könne ordentlich zupacken. Auch hätten sie einige richtig gute Gespräche geführt. Anschließend fragte ich Kolja, wie es ihm ergangen sei. Er war voll des Lobes über den Hausmeister und seine Arbeit. Es habe richtig Spaß gemacht, und inzwischen könne er sich vorstellen, nach dem Abitur einen praktischen Beruf zu erlernen. Auf meine Frage, ob sich an seiner Müdigkeit und Lustlosigkeit etwas geändert habe, antwortete er: »Und wie. Schon am zweiten Tag war es überhaupt kein Problem mehr, morgens aufzustehen und hierherzukommen.«

Ich bat Kolja, mir ein wenig ausführlicher zu erzählen, wie es ihm in der Woche mit dem Hausmeister ergangen sei. »Am Anfang war es genauso wie sonst«, sagte er. »Ich hatte Angst, meinen Arsch nicht hochzukriegen und dann von der Schule zu fliegen.« Diese Angst sei aber schnell verflogen, und er habe sogar angefangen, sich auf den nächsten Tag zu freuen. Der Hausmeister habe sehr viel Verständnis für ihn und seine Schwächen gehabt und auch von sich und seinen eigenen Durststrecken erzählt. Gleichzeitig hätten sie aber auch viel gelacht, zum Beispiel über Koljas anfängliche Unfähigkeit, richtig zu kehren. »Ich wusste gar nicht, dass es beim Kehren eine spezielle Technik gibt. Beim ersten Mal hätte ich fast den Besenstiel abgebrochen, aber dann habe ich mich bemüht, das Ganze zu perfektionieren.«

Irgendwie habe ihn die Arbeit mit dem Hausmeister aus seiner Langeweile herausgerissen, fuhr Kolja fort, und er sei überhaupt nicht mehr müde gewesen. Außerdem habe er das Gefühl gehabt, wirklich gebraucht zu werden. Alleine hätte der Hausmeister die großen Schultische jedenfalls nicht aus den Klassen hinaus- und später wieder hineintragen können, meinte er.

An Koljas Schilderung lassen sich Schritt für Schritt die Erkenntnisse der Positiven Psychologie nachvollziehen. Danach steigert das Gefühl, etwas Sinnvolles zu tun und gebraucht zu werden, die Motivation und das Wohlbefinden des Handelnden. Aber auch der Wunsch, seine Sache gut zu machen, begünstigt den Umstand, dass das Tun als lustvoll empfunden wird und zum Erfolg führt. Und das wiederum bekräftigt den inneren Wunsch nach Fortführung oder Wiederholung der Handlung.

Die meisterhafte Beherrschung einer bestimmten Tätigkeit und ihre sorgfältige und konzentrierte Ausführung führen zu einer Art Zeit- und Selbstvergessenheit, dem »Flow-Erleben«, wie es der Psychologe Mihaly Csíkszentmihályi bezeichnet. Das dabei verspürte Harmoniegefühl wirkt als zusätzlicher Anreiz, eigene Ressourcen zu aktivieren. Ein Fußballer könnte beispielsweise während eines Spiels in einen sogenannten »Spielfluss« oder »Spielrausch« geraten, aber auch bei geistigen Tätigkeiten verspüren Menschen das Flow-Erleben. So berichtet Csíkszentmihályi von Schachspielern, die in Phasen höchster Konzentration vollkommen in das Spiel eintauchen und in einen Flow geraten.

Vorstellbar ist auch, dass ein Schüler beim Lösen von Mathematikaufgaben in einen Zustand konzentrierter Selbstvergessenheit gerät und vor Begeisterung gar nicht mehr aufhören kann zu rechnen. Allerdings müssen dafür die Aufgaben so beschaffen sein, dass sie eine wirkliche Herausforderung darstellen, ihn also weder unterfordern noch überfordern. Sobald die Aufgaben zu schwierig sind und unlösbar erscheinen, wird Angst erzeugt, was den Flow behindert. Wenn die Aufgaben hingegen zu einfach sind, führt das beim Schüler zu Langeweile und Desinteresse. Die Tätigkeit wird als unangenehm empfunden, und statt Wiederholung ist Vermeidung angesagt.

Der Eintritt des Flow-Effektes hängt weder vom Status des Handelnden noch von der Wertschätzung ab, die der betreffenden Tätigkeit allgemein entgegengebracht wird. Wenn Kolja vom Hausmeister lernt, wie man optimal kehrt, und wenn er an der perfekten Ausführung dieser »einfachen« Tätigkeit Spaß hat, dann steht dem Flow-Erleben nichts mehr im Weg.

Ich musste schmunzeln, als ich kurze Zeit nach Koljas »Hausmeisterdienst« in der Zeitung einen Bericht über die Schweizer Ethnologin Katharina Zaugg las. Sie hat ihre Putzleidenschaft zum Beruf gemacht und hält sogar Seminare ab, in denen sie vermittelt, wie beim Putzen ein Flow-Effekt entstehen kann. Katharina Zaugg ist davon überzeugt, dass die Gründlichkeit der Ausführung in Verbindung mit der Verwendung umweltfreundlicher und materialschonender Putzmittel beim Putzenden innere Harmonie, Wohlbefinden und Gesundheit erzeugen kann.[15]

Zwischen Kolja und unserem Hausmeister entwickelte sich nach den gemeinsam verbrachten Arbeitstagen so etwas wie eine Freundschaft. Kolja suchte die Begegnung mit seinem »Mentor«, und in den Pausen standen die beiden öfters zusammen und unterhielten sich angeregt. Kolja erschien fortan sogar regelmäßig zum Unterricht, und seine Leistungen besserten sich im Laufe der Zeit. Im darauffolgenden Schuljahr machte er tatsächlich ein ganz passables Abitur.

Das Beispiel dieses Schülers zeigt, dass Veränderungen auch in scheinbar aussichtslosen Fällen möglich sind und wir den Glauben daran nicht verlieren dürfen. Das Vertrauen, das wir in unsere Kinder und Jugendlichen setzen, ist eine der wichtigsten Quellen für ihr Selbstbewusstsein, und es stärkt ihre Zuversicht, anstehende Aufgaben aus eigener Kraft bewältigen zu können.

Zugleich macht Koljas Beispiel deutlich, dass Jugendliche Orientierung und Halt brauchen, und dass sich dazu am besten Menschen aus ihrer Umgebung eignen, die ihnen – anders als die medialen Glamourtypen – als echte Vorbilder dienen und ihnen helfen können, ihre eigenen Möglichkeiten und Fähigkeiten realistisch einzuschätzen. Vor allem brauchen sie Menschen, die ihnen die Vorzüge des sinnhaften Handelns vermitteln, ohne lehrmeisterlich vorzugehen.

Die offenen Gespräche mit unserem Hausmeister während der körperlichen Arbeit haben offensichtlich einen bleibenden Eindruck bei Kolja hinterlassen. Letztlich war es wahrscheinlich nicht allein das selbstvergessene Kehren, das den Stimmungswandel bei dem Jungen hervorgerufen hat. Hauptsächlich dürfte die Begegnung mit einem Menschen den Ausschlag gegeben haben, der ihn verstand, ihm Wertschätzung entgegenbrachte und ihn ermutigte, mit der Schule weiterzumachen.

Aber was ist sonst noch mit Kolja passiert? Offensichtlich hatte es vorher bei ihm zwischen dem Vorsatz, regelmäßig und pünktlich in die Schule zu kommen, und der Ausführung, also tatsächlich rechtzeitig aufzustehen und sich auf den Weg zu machen, eine Art unüberwindbares Hindernis gegeben. Der Persönlichkeitspsychologe Julius Kuhl von der Universität Osnabrück würde sagen, dass das Zusammenspiel zwischen Koljas Intentionsgedächtnis, das für die Absichten verantwortlich ist, und seinem Extensionsgedächtnis, in dem Erfahrungen emotional gespeichert sind, gestört war. Anders ausgedrückt, gab Kolja der »Planer« zwar den Auftrag, aber Kolja der »Macher« verweigerte die Ausführung. Wahrscheinlich fehlten ihm sowohl die positiven Gefühle im Zusammenhang mit der Schule als auch die notwendige innere Haltung, also zum Beispiel die Überzeugung: »Ich will mein Verhalten wirklich ändern, und zwar jetzt.«

Für das harmonische Zusammenspiel von Planen und Machen benötigen wir zusätzlich auch noch Energie. Ob diese Energie bereitgestellt wird, hängt maßgeblich von unserer Stimmungslage und unseren Gefühlen ab. So verhindern Stress, Angst, Traurigkeit oder Lustlosigkeit den Energiefluss und damit die Umsetzung von Absichten in Taten. Auf Koljas Fall bezogen, könnte das bedeuten, dass er sich nicht genügend mit seinen schulischen Zielen identifizierte oder andere Hinderungsgründe vorlagen, wie zum Beispiel häuslicher Stress, die Trennung von der Freundin oder auch Angst vor Misserfolg.

Was die genaue Ursache für Koljas fehlende Energie und die Eintrübung seiner Stimmung war, ist mir nicht bekannt, fest steht aber, dass viele seiner Altersgenossen unter einer solchen Sinnkrise leiden. Der österreichische Neurologe und Psychiater Viktor Frankl sprach in diesem Zusammenhang schon Mitte des vergangenen Jahrhunderts von einem »existentiellen Vakuum«. Damit meinte er den Mangel an Lebensinhalt, der immer mehr Menschen bedränge und sich in einem Gefühl der Langeweile, der Perspektivlosigkeit und inneren Leere äußere. Als Ursache für dieses Phänomen nennt Frankl zum einen die Tatsache, dass der Mensch im Gegensatz zum Tier keine Instinkte hat, die ihm sagen, was er tun muss, zum anderen macht er den schwindenden Halt durch Traditionen in der modernen Welt dafür verantwortlich. Den Sinn in seinem Leben müsse jeder Mensch für sich in seiner konkreten Lebenssituation finden.

Jugendliche, denen der Sinn abhandengekommen ist und die nicht wissen, was sie eigentlich wollen, verhalten sich oftmals aggressiv, entwickeln Süchte oder geraten in einen Zustand innerer Erstarrung. Wir Erwachsenen können Kindern und Jugendlichen Orientierung bei der Sinnsuche geben, indem wir ihnen Erlebnisse verschaffen, in denen das Leben faszinierend erscheint, und indem wir ihnen helfen, ihre eigenen Möglichkeiten zu erkennen und auszuschöpfen.

Kolja hat es binnen einer Woche geschafft, wieder

Mut zu fassen. Es ist ihm gelungen, seine Stimmung aufzuhellen und die Verbindung zwischen Vorsatz und tatsächlicher Handlung zu aktivieren. Er ist für kurze Zeit in eine andere Welt eingetaucht und hat mit Hilfe unseres Hausmeisters die Freude am Leben in seinen verschiedenen Facetten wiedergefunden. Durch die tiefschürfenden Gespräche und die körperliche Arbeit hat er vielleicht für sich auch einen Sinn entdeckt. Er hat den Erfolg seines Handelns gespürt und vom Hausmeister zurückgemeldet bekommen. Die Schule war dadurch plötzlich kein Ort mehr, den es zu meiden galt, sondern mit dem man sich verbunden fühlen konnte.

Positives Denken und Optimismus sind natürlich kein Allheilmittel, aber eine positive Grundhaltung hilft tatsächlich dabei, einfache Vorsätze umzusetzen – so wie ein Smiley in Verbindung mit dem Wort »Danke« auf einer Abfalltonne uns vielleicht veranlasst, unseren Müll nicht einfach achtlos auf die Straße zu werfen. Bei komplizierteren Vorhaben, wie es das Erreichen eines Schulabschlusses oder das Erlernen eines Berufes ist, muss man auf dem langen Weg zum Ziel zusätzlich in der Lage sein, Frustrationen auszuhalten, Misserfolge zu ertragen und die eigene Lethargie zu überwinden.

Wer in der Lage ist, seine Gefühle zu regulieren, also Wut und Angst zu bezähmen oder Mutlosigkeit zu überwinden, der kann seine Ziele im Großen und Ganzen verwirklichen. Der weiß auch eher als andere, was er will und was nicht, und lebt eher im Einklang mit sich und seiner Umgebung.

Seine Gefühle und Stimmungen regulieren, sich selbst motivieren und im Zweifel auch beruhigen zu können setzt eine starke Persönlichkeit voraus. Damit aus Kindern starke, verantwortungsvolle Persönlichkeiten werden können, brauchen sie in allen Lebensbereichen Unterstützung, die auf einem ganzheitlichen Menschenbild beruht.

Schon in der Antike sah man den Menschen als Einheit von Körper, Geist und Seele. So wird berichtet, dass die griechischen Philosophen in der Askese lernten, ihre Gefühle zu beherrschen. Diese Praxis hat nur wenig mit der Selbstkasteiung des Mittelalters zu tun, die eher durch Leiden und Entbehrungen gekennzeichnet war. Das altgriechische Wort »askesis« bedeutet nichts anderes als Übung. Während das heutige Philosophieren meist als Denkschulung mit dem Ziel des theoretischen Erkenntnisgewinns begriffen werden kann, waren die alten Philosophen, zum Beispiel der Stoiker Ariston von Chios, davon überzeugt, dass Erkenntnisgewinn und praktische Einübung zwei Seiten derselben Medaille sind. In regelrechten Glücksschulen, wie sie unter anderem von Epikur betrieben wurden, lernten die Schüler nicht nur, die Angst vor Naturphänomenen, vor dem Tod, vor großen Schmerzen oder unstillbaren Begierden zu überwinden, sondern auch, ihre Schwächen zu erkennen und gegen sie anzugehen. So trainierten die Schüler mittels Imagination, sich in die Rolle ihres

Vorbildes Epikur zu versetzen, um dessen Verhaltensmuster zu übernehmen, zum Beispiel die einfache und
enthaltsame Lebensführung. Nach Epikurs Ansicht hat
die Gewöhnung an einfache Güter nämlich den Vorteil,
dass sie leichter zu beschaffen sind und ein glückliches
Leben deshalb immer und überall möglich ist.

In unserer heutigen, von Wettbewerb, Wissenschaft
und Technologie geprägten Welt liegt der Schwerpunkt
der meisten Persönlichkeitstrainings weniger auf der
Ausbildung von tugendhaften Charaktereigenschaften
als auf der Stärkung von Leistungsfähigkeit und Leis-
tungswillen. So dienten sportpsychologische Trainings-
verfahren zunächst vor allem dazu, die Kraftreserven
von Spitzensportlern zu aktivieren. Diese sollten cha-
rakterliche Stärken herausbilden, sogenannte »mental
skills«, die sich im sportlichen Wettkampf als günstig
erweisen, also zum Sieg führen.

Zu den bekanntesten sportpsychologischen Trai-
ningsverfahren gehören Übungen zur Konzentration und
gezielten Atmung, aber auch Entspannungstechniken zur
Förderung der Regeneration nach Wettkämpfen. Außerdem wird die Fähigkeit eingeübt, die eigenen Gedanken
vor, während und nach der sportlichen Aktivität zu regulieren; dazu gehört zum Beispiel die Autosuggestion
mittels gezielter Selbstgespräche. Die »innere Stimme«
soll im entscheidenden Augenblick motivieren, aber
auch beruhigen können. Was wäre wohl passiert, wenn
es Andreas Brehme im Finale der Fußballweltmeister-
schaft 1990 beim Elfmeter nicht gelungen wäre, sich auf
seine Aufgabe zu konzentrieren? Hätte er sich die Worte

»Nur nicht verschießen! Millionen Augen sind auf mich gerichtet! Nur nicht verschießen!« verinnerlicht, hätte der Ball sein Ziel wahrscheinlich verfehlt. Stattdessen sagte er sich: »Ruhig bleiben! Nur auf den Schuss konzentrieren!« Dann schoss er, der Ball ging ins argentinische Tor, und Deutschland war Weltmeister.

Im Prinzip geht es bei der Anwendung der Selbstgesprächsstrategie darum, dass die Athleten zunächst herausfinden, was sie in Momenten sportlicher Erfolge gedacht haben. Diese positiven Gedanken werden dann in Gestalt einer Formel, die ein Lob oder eine Aufforderung enthält, sprachlich an die erfolgreiche Situation gekoppelt. Im Bedarfsfall kann durch gedankliches oder auch lautes Aufsagen dieser Formel die Erfolgswahrscheinlichkeit erhöht werden.

Seit einiger Zeit beinhaltet das mentale Training im Leistungssport auch die Fertigkeit, sich vergangene oder zukünftige Handlungen oder Ereignisse vorzustellen. Durch die gedankliche Perfektionierung der Bewegungsabläufe soll die spätere reale Ausführung optimiert werden. Wenn zum Beispiel der Kunstturner Fabian Hambüchen seine beeindruckenden Übungen am Reck nicht lange Zeit vor dem Wettkampf Schritt für Schritt gedanklich vorwegnehmen und verbessern würde, wäre die Präzision solch komplexer Abläufe kaum denkbar.

Die deutlich messbaren Erfolge dieser Methoden, die aus »Trainingsweltmeistern« und Wettkampfversagern mentale Siegertypen machten, führten dazu, dass die Verfahren inzwischen auch außerhalb des Sports angewendet werden, zum Beispiel in der Medizin, um

schwierige Eingriffe zu optimieren, oder in der Luft-
fahrt, um Krisensituationen zu meistern. Der amerikanische Flugkapitän Chesley Sullenberger, dem im
Januar 2009 die Notlandung einer Passagiermaschine
im Hudson River gelang, war als ehemaliger Kampf-
jetpilot, als Pilotenausbilder und Sachverständiger bei
der Untersuchung von Flugunfällen bestens vorbereitet
auf die Notsituation und meisterte sie auffallend ruhig.
In einem Interview erklärte der 57-Jährige später: »Ich
glaube, auf viele Weisen war mein ganzes Leben bis zu
diesem Zeitpunkt eine Vorbereitung auf diesen besonderen Augenblick.« Als kurz nach dem Start die Trieb-
werke ausfielen, habe er gewusst, dass er eine Aufgabe
zu bewältigen habe. »Ich musste mich zwingen, mein
Training anzuwenden und … und die Situation ruhig
zu halten.«[16]

Der Leiter der Rehaklinik Königstuhl, in der ich den
Kurs zur Förderung des ganzheitlichen Wohlbefindens
anbiete, berichtete mir, dass in seiner Klinik Patienten
mit Atmungserkrankungen durch mentales Training
ungleich bessere gesundheitliche Fortschritte erzielen
als Patienten, die an dem Programm nicht teilnehmen.
Durch Betrachtung eines filmisch aufbereiteten Lauf-
trainings und die gezielte Vorstellung, an diesem Lauftraining selbst beteiligt zu sein, gelang es, die Hirnareale
zu aktivieren, die für die Steuerung der Lungenfunktion
verantwortlich sind. Die Patienten waren nach diesen
mentalen Übungen nicht nur motivierter, ihre körperlichen Übungen auszuführen, sondern erzielten auch im
Ergebnis bessere Werte als die Vergleichsgruppen.

Bei allen positiven Effekten, die das mentale Training in den verschiedenen Bereichen hat, darf nicht vergessen werden, dass die Steigerung der Leistungsfähigkeit besonders im Sport niemals Selbstzweck sein sollte, sondern das Gesamtwohl des Betroffenen im Blick behalten werden muss. Es nützt niemandem, wenn ein Mensch in der Lage ist, für die Erreichung eines sportlichen Ziels alles andere auszublenden und seine psychischen und körperlichen Grenzen systematisch zu überschreiten. Immer wieder wird von Sportlern berichtet, die zunächst das Feuer der Begeisterung in sich trugen und am Ende emotional und körperlich so erschöpft waren, dass sie ein Burn-out-Syndrom entwickelten. Nicht selten geht ein solches Burn-out mit psychosomatischen Erkrankungen, Depressionen sowie erhöhter Sucht- und Suizidgefahr einher. Persönlichkeitstrainings müssen deshalb, wie schon in der Antike gefordert, die Einheit von Körper, Geist und Seele berücksichtigen.

Aber auch andere Gefahren lauern, wenn Mentalcoachs Trainingseinheiten anbieten, die ausschließlich auf Leistung abzielen. Gerade im Profisport locken im Falle des Erfolgs nicht zuletzt materielle Verführungen, die den Blick für das, was wichtig ist im Leben, trüben können. Der Fußballprofi Kevin-Prince Boateng, der bei Hertha BSC spielte, bevor er 2007 als Zwanzigjähriger für 7,9 Millionen Euro zu Tottenham in die englische Premier League wechselte, berichtet in einem Interview, wie sein Leben aus dem Ruder lief, als der dortige Trainer ihn die meiste Zeit auf der Bank sitzenließ. Er sei extrem frustriert gewesen, habe keine Lust mehr auf das morgendliche Training gehabt und sich allerlei Ablenkungen gesucht. »Ich hatte durch meinen Frust eine enorme Kaufwut. Innerhalb von einem Tag kaufte ich mir einen Lamborghini, einen Hummer und einen Cadillac Oldtimer. Mir waren die schönsten Klamotten wichtig – und dass ich in Nachtclubs bekannt bin. Manchmal verprasste ich in den Nächten unfassbar viel Geld. Doch das alles machte mich nicht glücklich. Ich war kaputt, in einer anderen Welt.«

Boateng hätte sich damals jemanden gewünscht, der ihn beraten und wachgerüttelt hätte, der gemerkt hätte, dass ihm der Sinn abhandengekommen war. »Es war nur kaum einer da.«[17]

Seit mehreren Jahren arbeite ich nun schon als sportpsychologischer Berater in der Jugendabteilung des Fußballvereins TSG 1899 Hoffenheim, dessen ganzheitliche Ausbildungsphilosophie die Förderung der Lebenskompetenz der Nachwuchsspieler beinhaltet und von dem Verständnis getragen ist, dass Schule, Ausbildung und Verein eine Einheit bilden.

Die Jugendlichen erhalten deshalb neben den üblichen sportlichen Trainingseinheiten von mir ein spezielles Glückstraining. Dabei bekommen sie die Gelegenheit, zu erleben und zu reflektieren, von welchen Faktoren ihr Wohlbefinden abhängt, und dass es in ihrer eigenen Verantwortung liegt, sich eine Ordnung erstrebenswerter Ziele und Werte zu erstellen. Schlüsselerlebnisse sollen ihnen dabei helfen, ihre Persönlichkeit zu entfalten und Ressourcen auch außerhalb des Sports zu entwickeln. Durch spielerische Übungen in der Gruppe entdecken die Spieler bis dahin unerkannte Eigenschaften und Stärken an sich selbst.

Natürlich geht es hier auch um die Ausschöpfung und Verbesserung ihres sportlichen Potentials mit Mitteln des mentalen Trainings. So fordere ich sie zum Beispiel auf, ihre Talente und Fähigkeiten mit Metaphern zu umschreiben, die sie bei Bedarf kurzfristig abrufen können. In einem Fall wählten die jungen Spieler lange vor einer wichtigen Begegnung jeder für sich ein Tier als Metapher aus. Die Mitspieler ergänzten das Bild durch die Nennung besonderer Fähigkeiten, die sie der Person und dem Tier gleichermaßen zuordnen konnten. Das machte allen großen Spaß, und innerhalb kürzester Zeit hatten wir eine bunte »Tiermannschaft« zusammengestellt, die unter anderem aus einem flinken Hasen, einem gewaltigen Elefanten, der auch niedertrampeln kann, einer Schlange, die sich am Gegner vorbeischlängelt, und einem lustigen Affen, der alle verwirrt, bestand. Mit dieser Truppe verblüfften wir den Gegner, immerhin eine renommierte Bundesliga-Jugendmannschaft, derart, dass das Ergebnis am Ende 7:0 lautete.

Um das Spektrum ihrer Möglichkeiten zu erweitern und ihnen bei der Sinnsuche zu helfen, versuche ich den jugendlichen Spielern aber auch zu vermitteln, wie wichtig es ist, nicht nur sportliche Ziele für sich zu definieren. Einmal ließ ich die U-14-Mannschaft, also Spieler im Alter von vierzehn Jahren und jünger, ein Bild malen. Nach einer kurzen Phantasiereise sollten sie ihren größten Wunsch mit Wachsmalstiften auf einem Blatt Papier festhalten. Ich staunte nicht schlecht, als ich das Ergebnis sah: Mehr als die Hälfte der Jungs hatte einen Sportwagen der Luxusklasse aufs Papier gezaubert. Typisch, dachte ich, diesen Wunsch haben sie sicher von den Profis abgeschaut, die mit ihren Boliden den Kraichgau unsicher machen. Ich sagte aber nichts, sondern hängte die Wunschbilder an die Tür und markierte auf dem Boden eine Skala von eins bis zehn. Jetzt forderte ich die jungen Fußballer auf, darüber nachzudenken, wie nah oder fern sie sich ihrem Ziel fühlten, und sich auf die entsprechende Zahl zu stellen. Fast alle stellten sich auf die Eins, weil sie in dem Alter natürlich weder das nötige Geld noch einen Führerschein besaßen und dementsprechend weit von ihrem Ziel entfernt waren. Als ich sie später fragte, warum sie sich einen teuren Sportwagen wünschten, erklärten sie: »Das macht den größten Eindruck bei den Mädchen«, oder: »Wenn ich so ein Auto habe, habe ich es geschafft und bin reich«.

Bei unserem nächsten Treffen wollte ich den jungen Fußballern bewusstmachen, was sich zum Beispiel hinter dem Wunschziel Reichtum verbergen kann. Dazu legte ich Zettel auf den Fußboden, auf die ich so unterschiedliche Werte wie Anerkennung, Gemeinschaft, Spaß, Kompetenz, Fröhlichkeit, Heimatgefühl und Zufriedenheit geschrieben hatte. Dann fragte ich sie, ob sie einen Zusammenhang zwischen ihren Wünschen und diesen Werten erkennen könnten. Offensichtlich gab ihnen die Aufgabe schwer zu denken, denn es dauerte eine ganze Weile, bis der Groschen gefallen war: »Wenn man solche Ziele hat, kann man alles erreichen. Diese Werte stehen über unseren Wünschen.« Der ebenfalls anwesende Sporttrainer und ich waren beeindruckt von dieser Erkenntnis.

Im nächsten Schritt durften die Jungs die für sie persönlich wichtigsten Werte auswählen und den Wert, dem sie in den nächsten Wochen näher kommen wollten, auf ein Blatt Papier schreiben. Es folgte wieder die Aufstellung auf der Markierung. Die meisten wählten jetzt Werte zwischen drei und fünf. Zur Verstärkung des Effekts durfte jeder Teilnehmer drei Mitspieler benennen, die sich stellvertretend für seine Stärken oder positiven Eigenschaften, die sich in den vorhergehenden Übungen herauskristallisiert hatten, hinter ihm aufstellen sollten. Nachdem diese ihre Plätze eingenommen hatten, fühlte sich der Betreffende so stark, dass er mindestens einen Schritt nach vorne ging.

In weiteren Veranstaltungen ging es dann um die Handlungen, die zur Zielerreichung notwendig sind, und darum, wie man kontrollieren kann, ob man sich seinem Ziel auch wirklich annähert. Nach dieser Trainingseinheit hatte ich das Gefühl, meinem eigenen Ziel, nämlich die jugendlichen Fußballer vor der Verblendung durch den Reichtum zu bewahren und ihnen die Bedeutung des sinnhaften Tuns zu vermitteln, ein gutes Stück näher gekommen zu sein.

Viele der Übungen und Anregungen zur Stärkung der Persönlichkeit und optimalen Ausschöpfung vorhandener Ressourcen, die bei jugendlichen Sportlern funktionieren, können genauso gut in der Schule Anwendung finden. Die Schule ist meines Erachtens ein idealer Ort für den Einsatz von Trainings zur Persönlichkeitsentwicklung. Schule hat einen staatlichen Bildungsauftrag, dem sie verpflichtet ist, sie verfolgt ideelle Ziele und keinerlei eigennützige oder gar kommerzielle Interessen, deshalb ist sie geradezu prädestiniert, ein solches Training anzubieten. Im Schulfach Glück, wie wir es an unserer Schule eingeführt haben, lassen sich die Erkenntnisse zur Förderung der Persönlichkeitsentwicklung in praktischen Übungen leicht umsetzen. Die durchgeführten Evaluationen bestätigen den Zuwachs an persönlichen und sozialen Kompetenzen bei den Schülern sehr eindrücklich. Aber auch in die Lehrpläne einzelner Fächer könnte ein Persönlichkeitstraining integriert werden, beispielsweise im Fach Sport, allerdings sollte es losgelöst von jedem Wettkampfgedanken geschehen. Im Fach Deutsch und Literatur bietet sich die Theaterpädagogik an, um die Einheit von Körper, Geist und Emotionen zu fördern. Denkbar wäre es auch, dass die Fächer Philosophie oder Ethik nicht nur theoretische Handlungsanweisungen für ein gelingendes Leben vermitteln, sondern dieses Gelingen auch erlebbar und spürbar machen.

Persönlichkeitstraining in der Schule erfordert von den Lehrern, genau wie von den Trainern und Coachs außerhalb der Schule, eine eigene gestärkte Persönlichkeit. Es reicht nicht, die Übungen kompetent zu erklären und mit den Schülern praktisch einzuüben, sondern die Lehrer müssen auch als Person authentisch und überzeugend vor der Gruppe auftreten können. Das erfordert ein hohes Maß an empathischen Fähigkeiten, wie sie auch in der Lehrerausbildung noch intensiver geschult werden müssten. Wir haben deshalb beschlossen, dass unsere Glückslehrer sich gezielt auf diese Aufgabe vorbereiten, indem sie nicht nur die Werkzeuge und Methoden zur Stärkung anderer erlernen, sondern vor allem auch sich selbst stärken. Gemeinsam mit Lehrern aus ganz Deutschland besuchen sie Fortbildungsveranstaltungen des Instituts für Medizinische Psychologie der Ruprecht-Karls-Universität Heidelberg, um die neuesten Erkenntnisse der ressourcenorientierten Pädagogik, der Theaterpädagogik und der Motivationspsychologie theoretisch und praktisch kennenzulernen. Die Lehrerinnen und Lehrer, die in ihrer Freizeit und auf eigene Kosten an der Fortbildung teilnehmen, sind begeistert von den vielen neuen Möglichkeiten, ihren Unterricht zu bereichern und ihre eigene Persönlichkeit zu stärken.

Bei der Einführung eines Persönlichkeitstrainings in der Schule empfiehlt es sich, mit Übungen zu beginnen, die leicht verständlich sind. Rasche Erfolge erhöhen die Bereitschaft, sich auf das Training einzulassen. Die Daumenfokus-Übung vermittelt genau dieses Erlebnis: Die Schüler werden aufgefordert, den rechten Arm mit dem Daumen nach oben auszustrecken und den Daumen mit dem Blick zu fixieren. Dann sollen sie den Oberkörper so weit wie möglich nach rechts drehen. Durch den Blick über den Daumen lässt sich der maximale Drehspielraum herausfinden. Der fixierte Punkt, zum Beispiel ein Bild an der Wand, wird gedanklich festgehalten. Dann sollen die Schüler den Körper in die Ausgangsposition zurückdrehen und die Augen schließen. Jetzt erfolgt die Anweisung, dass sie sich im Geist erneut bis zu dem zuvor erreichten Punkt drehen und sich dabei vorstellen sollen, dass sie es schaffen, sich beim zweiten Versuch dreißig Zentimeter weiter zu drehen. Nun werden die Augen wieder geöffnet, und es erfolgt die erneute Drehung. Das Ergebnis ist verblüffend: Fast jedem gelingt es nahezu mühelos, den vorher erreichten Fixpunkt deutlich zu überschreiten.

Diese einfache Übung macht vor allem Kindern und Jugendlichen deutlich, über welche ungeahnten Fähigkeiten sie verfügen. Außerdem bekommen sie einen ersten Eindruck davon, wie sie mittels mentaler Steuerung ihr eigenes Tun im Sinne des von ihnen angestrebten Ziels optimieren können.

Wie sehr sie ihre eigenen Kräfte durch positive Gedanken stärken können, lasse ich die Jungen und Mädchen durch folgende einfache Übung erfahren: Ein Schüler bildet mit Daumen und Zeigefinger einen Kreis und wird aufgefordert, an das letzte unangenehme Erlebnis zu denken, an das er sich erinnern kann. Ein Mitschüler, dessen gebogener Zeigefinger sich in diesen Fingerkreis einhakt, soll nun versuchen, den geschlossenen Kreis durch kräftiges Ziehen aufzulösen. In den meisten Fällen gelingt das auch. Anschließend fordere ich den Schüler, der mit Daumen und Zeigefinger den Kreis bildet, auf, sich nun an ein besonders schönes Erlebnis zu erinnern. Die Finger zu lösen fällt jetzt ungleich schwerer als vorher. Überrascht stellen die Schüler fest, dass die positive Erinnerung zusätzliche

Energie mobilisiert hat. Gleichzeitig nehmen sie durch diese Übung ihre inneren Stärken bewusster wahr und erleben, wie Stimmungen gedanklich gesteuert werden können.

Emotionen entstehen durch aktuelles Geschehen, aber auch durch Bilder aus unserem Gedächtnis, wie beispielsweise die Erinnerung an ein Ereignis, für das wir besonders dankbar sind. Wenn wir solche Bilder bewusst aufrufen, können ganze Handlungsabläufe vor unserem geistigen Auge entstehen, ohne dass es eine entsprechende reale Situation mit der zugehörigen sinnlichen Wahrnehmung gibt. Trotzdem entstehen in uns erneut die in der vergangenen Situation erlebten Emotionen wie Wohlgefühl oder Euphorie.

Bei unseren gedanklichen Reisen können wir auch Emotionen entstehen lassen, die sich auf zukünftige Handlungen beziehen. Diese Emotionen speisen sich aus Ereignissen, die wir selbst erlebt oder von denen wir auf andere Weise Kenntnis erlangt haben, zum Beispiel durch das Lesen von Büchern oder Berichten, die Betrachtung von Bildern oder das Hören von Musik. Dabei handelt es sich zwar in gewisser Weise um Wunschträume, diese unterscheiden sich jedoch vom eigentlichen Träumen dadurch, dass wir sie bewusst steuern können. Das emotionale Ergebnis der gedanklichen Vorwegnahme einer realen Situation könnte zum Beispiel Vorfreude auf ein bestimmtes Ereignis sein, wie das Wiedersehen mit einem geliebten Menschen.

Vorfreude ist aber nicht nur in der Liebe ein bedeutender Energielieferant, sondern kann zum Beispiel auch zur Erledigung von Aufgaben anspornen, die wir immer wieder vor uns herschieben, wie die Vorbereitung auf die nächste Mathearbeit oder die Abgabe der Steuererklärung. Vor Letzterem graust mir zum Beispiel jedes Jahr wieder, weil ich nicht besonders ordentlich bin und mir das Suchen der Belege unglaubliche Mühe bereitet. Das Ausfüllen der Formulare finde ich zudem extrem langweilig. Diese Arbeit erinnert mich wohl an meine trostlose Lehrzeit im Steuerbüro. Um mich einigermaßen zu motivieren, bin ich dazu übergegangen, mir vorher gedanklich eine Belohnung für meine Anstrengungen auszumalen. Da ich in der Regel bis zum allerletzten Augenblick mit der Abgabe der Steuererklärung warte und der Bescheid deshalb immer erst zum Jahresende kommt, besteht die Belohnung in der Rückerstattung bereits bezahlter Steuern, einer Art Weihnachtsgratifikation vom Finanzamt. Mit diesem Bild vor Augen arbeite ich anschließend systematisch an meinem Ziel, durch Wahrnehmung aller Absetzungsmöglichkeiten eine hohe Steuererstattung »herauszuwirtschaften«. Oft denke ich in den Augenblicken meiner Unlust auch an das bevorstehende Gefühl der inneren Befreiung und an den wunderbar leeren, aufgeräumten Schreibtisch. Für manch einen mögen das Kleinigkeiten sein, bei mir zeigen sie aber die gewünschte Wirkung.

Auch zur Technik der gedanklichen Steuerung von Stimmungen und Gefühlen gibt es ein antikes Vorbild. Epikur erteilte seinen Schülern den Auftrag, sich allabendlich vor dem Schlafengehen zu fragen, ob sie den Tag erfolgreich und gut genutzt hatten. Dabei ging es im Wesentlichen darum, sich auf die erfolgreichen Tätigkeiten des Tages zu konzentrieren, und nicht auf das, was misslungen war. So wie wir unsere Kinder am Abend fragen sollten: »Was hast du heute gut gekonnt?«, anstatt uns mit ihnen auf die Suche nach vermeintlichen Schwächen oder Misserfolgen zu begeben. Das gibt uns die Gelegenheit, uns mit ihnen über ihre Erfolge zu freuen, und sie selbst können durch die Erinnerung an Gelungenes die guten Gefühle ein weiteres Mal genießen. Mittels Reaktivierung der positiven Emotionen kann in vielen Fällen auch die notwendige Energie freigesetzt werden, die für die Überwindung von Hindernissen am nächsten Tag notwendig ist.

Kindern fällt die Erledigung von als unangenehm empfundenen Aufgaben besonders schwer, denn sie sind noch impulsgesteuerter als wir Erwachsenen. Daher ist es wichtig, sie durch kleine Erinnerungen oder positive Anstöße auf dem Weg zum Ziel immer wieder neu zu motivieren. Das kleine Briefchen mit dem aufmunternden Text, das Bild mit dem hochgestreckten Daumen als sichtbarem Zeichen für den bevorstehenden Erfolg oder das aufgemalte Herz als Symbol für die guten Gedanken der Eltern, die das Kind begleiten, wirken manchmal Wunder. Der knackige Apfel, der neben der Schultasche liegt, erinnert vielleicht an die guten Vorsätze, was die Ernährung betrifft. Zur wiederkehrenden mentalen Unterstützung können Gegenstände, die symbolisch oder tatsächlich mit dem angestrebten Ziel in Verbindung stehen – zum Beispiel ein spezieller Glücksstein oder die Uhr des Vaters, die an die Pünktlichkeit erinnern soll –, bis zur endgültigen und dauerhaften Erreichung des Ziels auf dem Schreibtisch oder an einem anderen Platz im Zimmer des Kindes verbleiben.

Wenn Kinder Schwierigkeiten haben, sich dazu aufzuraffen, bestimmte Dinge zu tun, nützt es auch, negative Formulierungen durch positive zu ersetzen, also einen Perspektivwechsel vorzunehmen. In Koljas Fall hätte eine positive Bestärkung beim morgendlichen Aufwachen lauten können: »Ich habe lange und gut geschlafen, jetzt bin ich frisch und genieße den Tag.« Das ist deutlich konstruktiver als die negative Betrachtung, die ihn lange davon abgehalten hat, rechtzeitig aufzustehen: »Ich bin so müde, und die Hausaufgaben sind auch nicht gemacht. Bestimmt kriege ich deswegen wieder Ärger.«

Oder die Eltern hätten sich mit Kolja auf einen Leitsatz einigen können, in dem er sich, wie die Jugendspieler der TSG Hoffenheim, mit einem starken Tier identifiziert hätte, zum Beispiel: »Als junger, neugieriger Adler entdecke ich am frühen Morgen die Frische und Schönheit dieser Welt.« Durch die allmorgendliche Erinnerung an den Adler, von dem vielleicht noch ein Poster an der Wand gehangen hätte, wäre der Vorsatz sofort aktiviert worden. Solche positiven Leitsätze sollten nicht allzu lang sein und mehrfach aufgeschrieben werden, damit sie an allen möglichen Orten aufgehängt werden können und nicht in Vergessenheit geraten.

Um herauszufinden, was im konkreten Fall als positiver Verstärker geeignet ist, können wir das Kind oder den Jugendlichen fragen: »Angenommen, dein Problem wäre auf wundersame Weise verschwunden, woran könnten deine Eltern oder Lehrer die Veränderung erkennen?« Durch diese Frage wird das Kind angeregt, sich von der Innenbetrachtung (»Ich will bessere Leistungen erzielen«) zu lösen und die Außenperspektive (»Meine Lehrer werden sehen, dass ich mich häufiger melde und insgesamt wacher und aufmerksamer erscheine«) einzunehmen. Dadurch werden die beobachtbaren Handlungsschritte, beispielsweise die häufigere Beteiligung am Unterricht, quasi als schon erlebt betrachtet. Schließlich kann der Außenstehende nur beobachten, was bereits umgesetzt wurde. Außerdem werden durch den Perspektivenwechsel die Teilerfolge für das Kind selbst kontrollierbar. Eine spätere positive Rückmeldung des Lehrers (»Du meldest dich in letzter Zeit viel öfter als früher«) wirkt dann als Bestätigung für den Teilerfolg und als weiterer Verstärker auf dem Weg zum angestrebten Ziel.

Solche Gespräche können in einer entspannten Situation stattfinden, ohne dass sie zum Verhör ausarten. Sie sollten trotzdem möglichst alle Aspekte des angestrebten Ziels berücksichtigen. Je besser die Verknüpfung der anstehenden Handlungsschritte mit angenehmen Vorstellungen gelingt, desto nachhaltiger werden auch die positiven Emotionen geweckt. Die guten Gefühle tragen zusätzlich dazu bei, dass der Rubikon überschritten wird, dass das Kind also nicht beim Abwägen stehen bleibt, sondern den festen Entschluss fasst, eine Änderung herbeizuführen. Und sie verstärken den Willen, das Ziel auch wirklich zu erreichen.

Positive Gedanken und Gefühle, die mit einem konkreten Ziel verknüpft werden, wirken sich nicht nur auf die Erreichung dieses einen Ziels aus, sondern helfen auch, die nächsten Herausforderungen leichter zu bestehen. So gesehen machen gute Gedanken und Gefühle Kinder stark. Es geht hier aber nicht allgemein um positives Denken, sondern um greifbare gute Gefühle, die direkt zur Bewältigung einer bestimmten Aufgabe beitragen sollen.

Um alle persönlichen Ressourcen aktivieren zu können, ist es notwendig, dass das Kind das angestrebte Ziel als für sich bedeutsam erkennt. Ein bestimmter Schulabschluss mag für Eltern ein lohnenswertes Ziel sein, weil sie hoffen, dass sich die beruflichen Perspektiven ihres Kindes dadurch optimieren lassen und es infolgedessen vielleicht ein glücklicheres Leben führen wird. Kinder handeln aber überwiegend spontan und streben oft kurzfristigere Ziele an, die zum Beispiel ihrer Neugier oder ihrem Wunsch nach Anerkennung entgegenkommen. Ein neuer Freund oder eine neue Freundin, ein neues Computerspiel oder die angesagte Jacke tragen schneller zur Befriedigung dieser Motive bei als langfristige Bildungsziele, und vor allem erfolgt eine viel schnellere Rückmeldung über den Erfolg der Anstrengungen.

Damit sich Kinder schulische Ziele wirklich zu eigen machen können und die Zielsetzungen nicht nur Wunschtraum der Eltern bleiben, müssen diese oft langfristigen Ziele in kurzfristige, übersichtliche Projekte aufgegliedert werden, die die Neugier der Kinder wecken und ihnen raschen Erfolg versprechen. Heranwachsende verfügen meist noch nicht über die notwendigen Erfahrungen, um sich eine weit in der Zukunft liegende Zielerreichung konkret und plastisch vorstellen zu können. Woher soll ein Kind auch wissen, wie es sich anfühlt, einen Schulabschluss zu erreichen und auf einem festlichen Ball feierlich sein Zeugnis überreicht zu bekommen? Es ist deshalb sinnvoll, mit den Kindern und Jugendlichen gemeinsam zu planen, sie neugierig auf den jeweils nächsten Schritt zu machen und sie erleben zu lassen, wie schon das Erreichen der Etappenziele zur erhofften inneren Belohnung und zur äußeren Wertschätzung führt. Das gemeinsame Feiern in der Familie, wenn der Übergang in die weiterführende Schule oder die Versetzung in die nächste Klassenstufe geschafft ist, oder auch das gemeinsame Eisessen nach einer schwierigen Klassenarbeit sind Möglichkeiten, der elterlichen Anerkennung Ausdruck zu verleihen. Je rascher die Rückmeldung erfolgt, desto stärker wird der Bezug zur ausgeführten Handlung und desto motivierender wirkt sich die positive Bewertung auf zukünftige Handlungen aus. Umgekehrt ist es deshalb für Schüler oft enttäuschend, wenn Lehrer sich mit der Korrektur von Klassenarbeiten, bei denen zum Beispiel viel Phantasie gefragt war, wochenlang Zeit lassen.

Kinder wollen gelobt werden, allerdings nur für Handlungen, die ihnen besondere Kreativität, Anstrengung oder Ausdauer abverlangt haben. Der »kuschelpädagogische« Ansatz, die Kleinen für alles und jedes zu loben, wirkt auf Dauer nicht motivierend, sondern stumpft die Wahrnehmung für Wertschätzung eher ab. Andererseits kann fehlendes Lob, wie es in dem schwäbischen Spruch »Nicht gescholten ist gelobt genug« zum Ausdruck kommt, Kinder nachhaltig verunsichern. Nur authentische Wertschätzung von Eltern und Lehrern macht Kinder sicher und zuversichtlich. Unterbleibt die Anerkennung durch Vertrauenspersonen, entsteht eine übergroße Sehnsucht, das fehlende Lob auf anderem Wege zu erheischen. Natürlich ist die Meinung ihrer Peergroup für Kinder wichtig und in vieler Hinsicht auch nützlich, aber sie darf nicht zum alleinigen Maßstab der Beurteilung werden. Eine durch angemessene Wertschätzung gestärkte Persönlichkeit ist auch in der Lage, die Anerkennung und die Urteile von Altersgenossen zu relativieren, denn unter Freunden wird gerne einmal angegeben und auch manches beschönigt.

Mindestens ebenso wichtig wie die äußere Wertschätzung sind die inneren Belohnungen, die guten Gefühle, die scheinbar von alleine entstehen. Zu Bildung und Erziehung gehört deshalb immer auch die emotionale Schulung. Kinder müssen lernen, die eigenen Gefühle und die Gefühle anderer wahrzunehmen und zu deuten. Sie spüren dann zum Beispiel, wie sie auf andere wirken, und das hilft ihnen bei der Ausbildung der eigenen Identität. Außerdem bekommen sie ein Gespür für die Stimmungen in der Gruppe und können Veränderungen, die ihnen womöglich Nachteile bringen, frühzeitig wahrnehmen. Ihr emotionales Gedächtnis unterstützt dann bei zukünftigen Entscheidungen ihren

Verstand bei der Bewertung von Handlungsalternativen, indem es gute oder schlechte Gefühle bereitstellt.

Emotionales Lernen vollzieht sich zunächst in der Familie, indem Eltern verständnisvoll und einfühlsam auf die Gefühlsregungen der Kinder reagieren und indem sie auch eigene Gefühle zeigen. Das bedeutet natürlich nicht, dass der eigene »seelische Mülleimer« über dem Kind ausgeleert wird, denn damit würde man es überfordern. Vielmehr geht es darum, die Gefühle zwischen Eltern und Kind altersgemäß zu reflektieren, und auch mit dem Kind über dessen Gefühle gegenüber anderen zu sprechen. Ich erinnere mich noch gut an die vielen Gespräche mit meinen Töchtern kurz vor dem Schlafengehen. Manchmal flossen dabei auch Tränen, aber so etwas sollte Eltern nicht erschrecken, denn für die seelische Gesundheit von Kindern ist es notwendig, dass die Ereignisse des Tages emotional verarbeitet werden. Wenn die beste Freundin sich plötzlich einem anderen Mädchen zuwendet oder das Kind in der Gemeinschaft der Gleichaltrigen nicht den gewünschten Platz einnimmt, ist die Erfahrung der Erwachsenen gefragt, um bei der Einschätzung der Situation zu helfen. Eltern dürfen durchaus auch parteiisch sein, wenn es um seelische Verletzungen geht. Sie müssen von ihren Kindern nicht verlangen, dass sie immer großzügiger, gerechter und toleranter sind als die anderen Kinder.

Leider steht in der Schule oft zu wenig Zeit zur Verfügung, um das Elternhaus bei der so wichtigen Aufgabe des emotionalen Lernens zu unterstützen. Wenn es vorwiegend um Wissensvermittlung und Notenranking geht, bleiben für den Umgang mit Emotionen meist nur die Konfliktfälle, die rasch abgehandelt werden und deshalb kaum neue Erkenntnisse bringen. Um soziale Kompetenzen zu fördern, braucht es Zeit, geeignetes Fachpersonal und vor allem viel Übung. Wenn Kinder beispielsweise begreifen sollen, wie sich jemand fühlt, der von der Gruppe ausgeschlossen wird, nützen allgemeine Erklärungen wenig. Viel größere Wirkung zeigt es, sie an Situationen zu erinnern, in denen sie sich selbst ausgeschlossen fühlten, denn durch die Erinnerung an das negative Erlebnis werden zugleich auch die damit verbundenen negativen Emotionen wachgerufen.

Um einen positiven Lernerfolg zu erzielen, sollte die persönliche Betroffenheit jedoch ohne erneute Verwundung hergestellt werden. Es gibt eine einfache Übung, mit der man Kindern oder Jugendlichen die Gefühle von Ausgestoßenen oder Minderheiten spürbar machen kann. Ich lasse zum Beispiel meine fünfzehnjährigen Jugendspieler von der TSG Hoffenheim mit einer bestimmten Schrittgeschwindigkeit im Kreis laufen. Während des Laufens fordere ich einen von ihnen auf, mindestens doppelt so schnell zu laufen wie alle anderen. Nach Abschluss der Übung frage ich erst die »Schnellläufer«, wie sie sich gefühlt haben. Sie berichten dann meistens von einem Bauchkribbeln oder einem Druck in der Brust. Einer sagte: »Ich hatte plötzlich einen ganz trockenen Hals.« Aber auch die Mehrheit fühlt sich in der Regel nicht besonders gut und verspürt den Drang, ebenfalls schneller zu laufen, um das gestörte Gruppengefühl wiederherzustellen. Aus einer Gemeinschaft ausgestoßen zu werden wird als ähnlich schlimm empfunden wie körperliche Verletzungen, denn zu Urzeiten, als die Menschen noch durch die Savanne zogen, hätte es in der Wildnis den sicheren Tod bedeutet. Es verwundert daher nicht, dass die Isolation von der Gruppe entweder depressiv oder aggressiv macht.

Die Tatsache, dass Veränderungen im Leben oder Verhalten Einzelner immer auch Veränderungen für alle übrigen Mitglieder einer Gruppe mit sich bringen, können Jugendliche auf einer imaginären eisernen Plattform erleben, die ausbalanciert auf der Spitze eines Kirchturms liegt. In Wirklichkeit wird die Übung mit einer mehrfach verleimten, etwa einen Quadratmeter großen Holzplatte ausgeführt, unter die ein zirka zehn Zentimeter langes Kantholz gelegt wird. Unlängst habe ich diese Übung mit den jungen Spielern von Hoffenheim durchgeführt. Zunächst positionierte sich eine Gruppe von ihnen so auf der Plattform, dass diese sich im Gleichgewicht befand und den Boden nicht berührte. Dann kamen einzelne Spieler hinzu, und andere verließen die Platte, wobei die ganze Zeit das Gleichgewicht gehalten werden musste. Diese Veränderungen entsprechen den tatsächlichen Anforderungen während eines Fußballspiels. Wird beispielsweise ein Mitspieler verletzt oder des Feldes verwiesen, müssen alle anderen sofort reagieren und ihren Standort wechseln, um als Mannschaft weiter erfolgreich agieren zu können.

Die gleiche Übung kann aber auch dazu dienen, deutlich zu machen, welche Anstrengungen in einer Familie notwendig sind, damit bei längerer Abwesenheit oder nach dem Weggang eines Familienmitgliedes das interne Gleichgewicht wiederhergestellt werden kann. Es wird dadurch möglich, Verständnis für eine neue Aufgabenverteilung innerhalb der Familie und eventuell notwendige Haltungsänderungen zu wecken. Wenn beispielsweise ein Elternteil die gemeinsame Wohnung verlässt, erhält jeder in der Familie eine neue Position und übernimmt neue Aufgaben, damit die Familie als Ganzes im Gleichgewicht bleibt.

Solche Übungen zeigen, dass Lernvorgänge, die durch Emotionen und Bewegung unterstützt werden, zu einem tiefer gehenden Verständnis der betreffenden Problematik führen als herkömmliches Lernen, und dass die Lösung zumeist nachhaltiger in Erinnerung bleibt. Kinder können dadurch lernen, Veränderungen in Systemen wie Familie, Verein oder Schule als verkraftbar und normal zu empfinden. Wenn sie sich im Bedarfsfall an die positiv erlebte Spielsituation erinnern, finden sie vielleicht die notwendige Energie, sich den Herausforderungen, mit denen sie konfrontiert sind, aktiv zu stellen.

Wir Menschen neigen dazu, am Bestehenden festzuhalten, denn Gewohnheiten werden als schön empfunden, weil sie wohlige und warme Sicherheit versprechen. Manchmal ist es aber nötig, aus eigenem Antrieb bestehende Muster aufzubrechen, um ein neues Gleichgewicht herzustellen. Die spielerische Übung mit der Plattform kann Mut machen, sich von Altem zu lösen und Neues zu wagen, sich anderen Menschen gegenüber zu öffnen und sinnvoll erscheinende Veränderungen auch wirklich in Angriff zu nehmen.

Bewegung macht nicht nur schlank

Zur Stärkung der Persönlichkeit von Kindern und Jugendlichen in Elternhaus und Schule gehört nicht nur die motivierende mentale Begleitung, sondern auch die Unterstützung einer gesunden körperlichen Entwicklung. Viel zu viele Kinder sind aber, wie wir in der Schule beobachten, völlig untrainiert, schlecht ernährt und übergewichtig. Diese Kinder fühlen sich meistens nicht wohl in ihrer Haut, sitzen beim Sportunterricht mit einem Attest vom Arzt auf der Bank, sind von der Gemeinschaft ausgeschlossen und bekommen oft auch noch negative Rückmeldungen wie: »Den Felgumschwung am Reck kann Tim sowieso nicht, dafür ist er viel zu schwer.« Damit es erst gar nicht so weit kommt, besteht eine wichtige Aufgabe von Elternhaus und Schule darin, die Lust der Kinder an der körperlichen Bewegung zu wecken.

Bewegung macht Spaß, verbessert die Körperbeherrschung und schult die Achtsamkeit gegenüber anderen. Im Mannschaftssport lernen die Heranwachsenden zum Beispiel, im Team zu planen, zu agieren und Probleme zu lösen. Das steigert das Vertrauen in eigene und fremde Stärken. Die Kinder übernehmen für sich und andere

Verantwortung, sie lernen zu warten, sich über gemeinsame Erfolge zu freuen und Niederlagen konstruktiv zu nutzen. Bewegung hilft ihnen, sich im eigenen Körper wohl zu fühlen und ihre persönlichen Eigenschaften als Teil ihres Selbst zu akzeptieren. Das Erreichen sportlicher Ziele erschließt den Kindern und Jugendlichen zudem Erfahrungen, die sich auch auf andere Aufgabenstellungen anwenden lassen. Beim Sport gilt das alte Sprichwort »Ohne Fleiß kein Preis«, sie lernen also, dass Anstrengung sich lohnt und dass es sehr befriedigend sein kann, wenn sich der Erfolg schließlich einstellt.

Es hat allerdings keinen Sinn, wenn Kinder die ehrgeizigen Wünsche ihrer Eltern erfüllen müssen und dabei auf dem Tennisplatz, im Schwimmbecken oder Stadion überfordert werden. Welches das richtige Anforderungsniveau und welche Bewegungsart die passende ist, dafür gibt es keinen besseren Experten als das Kind selbst. Damit Kinder verschiedene Bewegungsmuster ausprobieren können, brauchen sie Angebote, Orientierungshilfen und nicht zuletzt die Gelassenheit von Eltern und Lehrern.

Sportliche Betätigung bietet übrigens auch hervorragende Möglichkeiten, gemeinsame Ziele zu entwickeln. Unlängst habe ich mich mit einer kompletten Glücksklasse unserer Schule für den Heidelberger Halbmarathon angemeldet, eine Strecke von insgesamt 21,1 Kilometern. Da ich selbst sehr gerne Ausdauersportarten betreibe, gelang es mir durch meine euphorischen Schilderungen, nach und nach alle Schülerinnen und

Schüler mitzureißen. Ich konnte deutlich beobachten, wie sich zunächst die Sportlichen für meinen Vorschlag begeisterten und dann immer mehr »Mitläufer« auf den Zug aufsprangen.

Natürlich sind die Schüler einer Klasse sehr unterschiedlich trainiert. Der im Sportunterricht durchgeführte Cooper-Test zur Überprüfung der Ausdauer, bei dem die Jugendlichen zwölf Minuten im Stadion ihre Runden drehen und dabei eine möglichst lange Strecke zurücklegen sollten, führte viele schnell an ihre Grenzen. Um die Jugendlichen nicht zu überfordern, teilte ich deshalb den Halbmarathon in Teilstrecken auf und überließ es jedem selbst, sich auf einen kürzeren oder längeren Abschnitt festzulegen. So gab es Jugendliche, die anfänglich nur einen Kilometer laufen wollten, und andere, die sich bis zu siebzehn Kilometer vornahmen. Wir vereinbarten feste Trainingszeiten und formulierten Verhaltensweisen für möglicherweise auftretende Hindernisse, zum Beispiel: »Wir gehen joggen, auch wenn es regnet.«

Der Sportlehrer der Klasse bereicherte das Training durch viele Ideen. So studierte er mit den Jugendlichen Lieder ein, die beim gemeinsamen Singen das Erfolgsgefühl im Ziel vorwegnahmen. Um ihre Motivation noch weiter zu stärken, zeigte er ihnen Ausschnitte aus dem Film »Rocky«, in denen der erfolglose Boxer Rocky Balboa durch eisernes Lauftraining seine Kondition verbessert, um den amtierenden Boxweltmeister zu besiegen. Kurz gesagt tat der Sportlehrer alles, um die Vorfreude auf das Ereignis zu vergrößern und die Laune beim wöchentlichen Lauftraining aufzuhellen. Das trug entscheidend dazu bei, dass viele Schüler über ein halbes Jahr regelmäßig und mit großer Begeisterung trainierten. Am Ende nahmen sich etliche von ihnen sogar eine deutlich längere Teilstrecke vor als ursprünglich beabsichtigt. Wir vereinbarten genaue Übergabepunkte für die jeweiligen Läufer der Staffel und überließen es den Schülern, sich für die entsprechenden Abschnitte einzuteilen.

Dann kam der 25. April 2010, ein warmer Frühlingstag. Der Sportlehrer und ich warteten am vereinbarten Treffpunkt, gespannt, ob sich alle an die Vereinbarung halten und auch wirklich antreten würden. Tatsächlich erschienen die Schüler so gut wie vollzählig. Ein Mädchen brachte sogar ihren Vater mit, der von der Laufidee begeistert war und selbst mit an den Start ging.

Die Jugendlichen waren ziemlich aufgeregt, als sie die vielen Menschen sahen, die sich für den Halbmarathon angemeldet hatten. Wir starteten in der letzten Gruppe und ließen es bis zum ersten Wechselpunkt langsam angehen. Danach erfolgte die Übergabe an die nächste Läufergruppe. Unsere Schüler waren während des Laufens guter Dinge und meisterten alle Herausforderungen, die die anspruchsvolle Strecke mit ihren vielen Steigungen bereithielt. Der Sportlehrer und ich liefen die gesamte Strecke, heilfroh, dass alle Partner an den vereinbarten Standorten zuverlässig darauf warteten, eingewechselt zu werden.

Einer der letzten Läufer war Eduard, der zu Anfang des Glücksunterrichts bei einer Größe von einem Meter achtundneunzig stattliche einhundertzwanzig Kilo gewogen hatte. Für ihn stellten die mehr als zehn Kilometer, die er sich vorgenommen hatte, eine echte Herausforderung dar. Zwar hatte er im Laufe des Glückskurses von sich aus bereits zwanzig Kilo abgenommen, er musste aber immer noch zwei Zentner Körpergewicht zum Heidelberger Schloss hinaufschleppen. Trotzdem schaffte er es, so wie alle anderen auch, die vereinbarte Strecke zurückzulegen. Eduard war sogar so euphorisch, dass er am Wechselpunkt seine Startnummer zwar weitergab, es sich jedoch nicht nehmen ließ, die nächste Läufergruppe bis ins Ziel zu begleiten. Dort hatten sich schon die anderen Teams eingefunden, die früher fertig waren als die Schlussläufer. Beim Wiedersehen am Zielpunkt gab es ein großes Hallo, und alle freuten sich überschwänglich über die eigene Leistung und die der ganzen Klasse. Zum gemeinsamen Grillen am Sonntagnachmittag fand sich eine Gruppe ausgelassener Schüler ein, der das Glück über die erfolgreiche Bewältigung der sportlichen Herausforderung deutlich anzusehen war.

Nicht nur gemeinschaftliches Laufen, sondern auch ganz neue Bewegungsarten können Kinder und Jugendliche begeistern. Gerade das Unbekannte macht neugierig und reizt zum Ausprobieren. Im Rahmen des Glücksunterrichts wollte ich unseren Schülern neue Körpererfahrungen vermitteln und gleichzeitig emotionales Lernen ermöglichen, weshalb ich auf die Idee kam, Stockkampfkurse anzubieten. Ich hatte die international renommierte Tänzerin und Bewegungspädagogin Pia André kennengelernt, und als ich erfuhr, dass sie für Schauspieler und Theaterpädagogen Seminare in der Stockkampfkunst veranstaltet, dachte ich sofort an unsere Jugendlichen. Pia war begeistert von meiner Idee und sagte spontan zu.

Die Geschichte des Stockkampfes beginnt auf den Philippinen. Als erster Europäer machte der Seefahrer und Eroberer Ferdinand Magellan im 16. Jahrhundert unliebsame Erfahrungen mit den Stockkämpfern. Er und die gesamte schwerbewaffnete und in Rüstungen steckende Besatzung von fünf Schiffen wurden im Kampf gegen die lediglich mit Rattanstöcken und Lanzen ausgerüsteten Filippinos getötet. Während der spanischen Herrschaft über die südostasiatischen Inseln waren deshalb das Tragen von Waffen und der Kampf mit Stöcken verboten. Die einfallsreichen Filippinos kreierten daraufhin den Stockkampf als Tanz und gaben ihn von Generation zu Generation weiter. Darin liegt wahrscheinlich auch die Ursache für die starke Rhythmisierung von Kraft und Bewegung und den hohen Anspruch an die exakte Ausführung.

Unsere Schülerinnen und Schüler waren zunächst skeptisch, was auf sie zukommen würde. Schließlich erschienen sie dennoch nahezu vollzählig zu den Zusatzstunden Glücksunterricht, die freitags und samstags nach dem Unterricht in unserer Aula angeboten wurden. Bereits in der Vorstellungsrunde führte Pia André ein Experiment durch. Sie forderte die Schüler auf, in dem Moment, in dem sie ihren Namen sagen wollten, einen Augenblick innezuhalten und ihn dann erst auszusprechen. Gleichzeitig sollten sie beobachten, welche Gefühle dabei in ihnen entstanden. Nachher berichteten die Schüler, im Augenblick der Verzögerung hätten sie eine innere Spannung gespürt, gleichzeitig hätten sie sich wacher und präsenter gefühlt als vorher.

Pia verstärkte diesen Effekt im nächsten Durchgang der Vorstellungsrunde noch durch die Anweisung an die Schüler, ihren Namen erst zu sagen, nachdem sie ihn in Gedanken schon ausgesprochen hatten. Bei dieser einfachen Übung wurde den Jugendlichen sehr schnell klar, dass sie in der »gewonnenen« Zeit bewusst und hellwach ihre Handlungen steuern konnten. Die kleine Verzögerung zeigte ihnen, wie sinnvoll es sein kann, kontrolliert statt impulsiv zu handeln.

Anschließend griffen sie neugierig zu den Rattanstöcken, um deren Handhabung einzuüben. Sie lernten schnell, die Stöcke zur Abwehr vor den Körper zu halten, sie geschickt zu bewegen, sie hoch durch die Luft fliegen zu lassen und wieder aufzufangen oder sie sich gegenseitig zuzuwerfen. Ein nicht ganz ungefährliches Unterfangen, dennoch verletzte sich niemand, weil alles in einer Atmosphäre respektvoller Achtsamkeit stattfand und das Innehalten vor jeder Bewegung systematisch eingeübt wurde. Natürlich fielen auch immer wieder Stöcke auf den Boden, aber statt sich zu ärgern oder sich zu verspannen, übten sich alle in Gelassenheit.

Beim spielerischen, rhythmischen und dynamischen Umgang mit den Stöcken wurde den Schülern zugestanden, dass sie Fehler machten. Fehler machen zu dürfen beseitigt die Versagensangst und ermöglicht freudiges

Lernen. Im Takt der schnellen und rhythmischen Musik, die Pia mitgebracht hatte, erlernten die Jugendlichen fast mühelos die Grundlagen und Schlagabfolgen. Ich fand es bemerkenswert, wie es der Lehrerin gelang, systematisch den Druck, der meist mit Lernen verbunden ist, abzubauen. Die Schüler kämpften hochkonzentriert mit ihrem jeweiligen Gegner, gleichzeitig mussten sie absolut präsent sein, um den gesamten Raum um sich herum zu überblicken. Neben, vor und hinter ihnen kämpften nämlich ihre Mitschüler, auf die sie, um sich selbst und andere nicht zu verletzen, achten mussten.

Über ihre eigenen Stöcke und die ihres Gegenübers erhielten die Schüler unmittelbar eine Rückmeldung über die Auswirkungen ihres Handelns, zum Beispiel spürten sie, dass die Schläge besonders hart werden, wenn sich die Gegner in starrer Abwehrhaltung gegenüberstehen. Oder sie stellten fest, wie leicht der gegnerische Schlag durch geschickte Ausweichmanöver oder das Schräghalten des eigenen Stocks abgeleitet werden oder ins Leere gehen kann, so dass die gesamte Energie verpufft. Und nicht zuletzt merkten sie, wie achtsam man sein muss, um die eigenen Hände und die des Gegners nicht zu verletzen.

Da Pia immer wieder Pausen einlegte, um das Erlebte zu reflektieren, konnten die körperlich erfahrenen Zusammenhänge bewusst verarbeitet und auf alltägliche Situationen übertragen werden. Zum Beispiel fördert der Stockkampf die Erkenntnis, dass man auch im normalen Leben viel mehr Kraft benötigt, wenn man die direkte Konfrontation mit einem Gegner sucht und ihm unter allen Umständen Paroli bieten will, oder dass man einen verbalen Angriff mühelos abwehren kann, wenn es einem gelingt, dem Gegenüber auszuweichen. Statt beispielsweise auf Beleidigungen direkt einzugehen, kann man dem »Angreifer« durch Ablenkung oder zeitlichen Aufschub den Wind aus den Segeln nehmen. Das lässt sich mit einfachen Aussagen erreichen, zum Beispiel: »Ich finde, wir sollten X dazu befragen, schließlich ist er auch betroffen«, oder: »Lass uns später darüber reden.« Bemerkenswert fand ich zudem, wie Pia den Schülern vermittelte, dass es wichtig ist, nicht auf jeden Reiz sofort zu reagieren, sondern auf eine günstige Gelegenheit zu warten und dann erst zu handeln.

Im rhythmischen Bewegungsablauf des Stockkampfes entdeckten die Schüler das Gefühl von Harmonie. Sie erlebten die neuen Bewegungsmuster deshalb als sehr lustvoll. In immer neuen Formationen standen sie einander teils tänzerisch, teils kämpferisch gegenüber und schienen gar nicht müde zu werden. Als ich sie am Ende der Stunde nach ihren Eindrücken fragte, zeigten sie sich verwundert darüber, wie schnell die Zeit vergangen war, dass alle durchgehalten hatten und niemand verletzt worden war. Ich hatte den Eindruck, dass viele Schüler bereits in dieser ersten Unterrichtseinheit ein Flow-Erlebnis verspürten. Sie ließen sich auf die Herausforderungen ein, erreichten innerhalb kürzester Zeit ein hohes Maß an Perfektion und gaben sich selbstvergessen den rhythmischen Bewegungen hin.

Die allgemeine Begeisterung für Pia Andrés Stockkampfkurs hängt sicherlich mit der Lust der Jugendlichen zusammen, sich archaisch und kämpferisch zu gebärden, ohne dass Aggressionsgefühle im Spiel sind. Vielmehr gelingt es durch solche spielerischen Auseinandersetzungen, innere Spannungen abzubauen und in positive Energie zu verwandeln. Es wundert deshalb nicht, wenn Pia André von Schulen und Gemeinden immer häufiger auch im Zuge der Gewaltprävention eingeladen wird, Workshops mit Jugendlichen durchzuführen.

Unsere Erfahrungen mit alten und neuen Sportarten verdeutlichen den Wunsch der Jugendlichen nach körperlichen Erlebnissen, die durch Bewegung entstehen. Dieser Wunsch beruht auf dem ursprünglichen Verlangen des Menschen, sich anzustrengen und die körperliche Erschöpfung als wohltuend zu empfinden. Wer seinen Körper gut kennt und mit ihm auch sportliche Erfolge erlebt, wird ihn schätzen lernen und nicht leichtfertig oder gar selbstzerstörerisch mit ihm umgehen. Körperliche Bewegung in der Gruppe fördert soziale Beziehungen, wirkt stimmungsausgleichend und kann auch gegen Minderwertigkeitsgefühle helfen, die dem Diktat des perfekten Körpers entspringen, wie er von der Schönheitsindustrie propagiert wird.

Der erste Schritt auf dem Weg zu mehr Bewegung kostet manchmal Überwindung, umso mehr müssen wir Erwachsenen die Kinder und Jugendlichen ermutigen und unterstützen, ihre körperlichen Ressourcen für das eigene Wohlbefinden zu nutzen. Es gibt auch jenseits der Trendsportarten unglaublich viele Möglichkeiten, die von Vereinen oder ehrenamtlichen Helfern im Rahmen von Breitensportveranstaltungen angeboten werden. Vielleicht muss man manchmal Vorbild sein und selbst den ersten Schritt tun, denn wie Plato sagt: »Der Anfang ist der wichtigste Teil der Arbeit.«

Erziehung zum Glücklichsein

Wie Kinder glücklich werden

Kein Zweifel, alle Menschen wollen glücklich sein. Und alle Eltern wünschen sich natürlich, dass ihre Kinder glücklich sind. Leider hapert es aber oft bei der Glückserziehung. So mancher Versuch, Kinder glücklich zu machen, scheitert schon im Ansatz, weil die Bedürfnisse der Kinder von den Erwachsenen falsch eingeschätzt werden. Beispielsweise bringen die vielen Geschenke zu Weihnachten oder zum Geburtstag nicht unbedingt das erhoffte Glück, sondern oft nur zusätzlichen Stress, weil die schiere Fülle eine Überforderung darstellt, weil die Geschenke nicht altersgemäß sind oder weil der Reiz des Neuen allzu schnell verfliegt. Manchmal wird aber auch der wahre Grund, der hinter einem Geschenkwunsch steht, nicht verstanden. Hat sich das Kind ein Gesellschaftsspiel gewünscht, weil es hoffte, die Eltern würden dann mit ihm gemeinsam spielen, macht sich schnell Enttäuschung breit, wenn Vater und Mutter weder Zeit noch Lust dazu haben.

Noch problematischer ist es, wenn der unbedingte Wunsch der Eltern, ihre Kinder glücklich zu sehen, dazu führt, dass dem Nachwuchs konkrete Ziele und Normen vorgegeben werden, die zwar den Wertvorstellungen der Eltern oder der Gesellschaft entsprechen, mit den Wünschen und Träumen der Kinder aber unvereinbar sind. Denken wir nur an die geschlechtsspezifische Erziehung mit ihren stereotypen Vorstellungen, die dazu führt, dass draufgängerische Mädchen zum Beispiel als »Schlampe« diffamiert werden und zurückhaltende Jungen als »Weichei«. Wie viele junge Menschen trauen sich wegen der Moralvorstellungen ihrer Eltern noch heute nicht, ihre homosexuelle Veranlagung offen auszuleben, und wie viele heimliche Künstler verzichten auf ihr Glück, weil die bürgerlichen Eltern wünschen, dass sie etwas »Vernünftiges« lernen.

Bei der Glückserziehung geht es natürlich auch nicht darum, Kinder und Jugendliche zu Glücksjägern zu machen, die ständig auf der Suche nach dem nächsten Kick sind, um die Summe ihrer Glücksmomente zu maximieren. Der Psychiater Viktor Frankl schreibt dazu: »Je mehr er [der Mensch] nach Glück jagt, umso mehr verjagt er es auch schon. Um dies zu verstehen, brauchen wir nur das Vorurteil zu überwinden, dass der Mensch im Grunde darauf aus sei, glücklich zu sein; was er in Wirklichkeit will, ist nämlich, einen Grund dazu zu haben. Und hat er einmal einen Grund dazu, dann stellt sich das Glücksgefühl von selbst ein.«[18]

Frankl, der neben Sigmund Freud und Alfred Adler zu den großen Psychotherapeuten des 20. Jahrhunderts gehörte und mit seiner Logotherapie die sogenannte Dritte Wiener Schule der Psychotherapie begründete, geht davon aus, dass zum Menschsein auch ein Wille zum Sinn gehört. Jeder Mensch, sagt er, möchte schöpferisch wirken, sich selbstvergessen Tätigkeiten oder Menschen widmen und Haltungen einnehmen, die ihm noch in der Krise das Gefühl von Stärke und Sinnhaftigkeit vermitteln. »Findet der Mensch einen Sinn, dann (aber auch nur dann) ist er glücklich – einerseits; denn andererseits ist er dann auch leidensfähig.«[19] Frankl meint hier, dass der Mensch, der einen Sinn in seinem Leben erkannt hat, dann auch in der Lage ist, Leiden auszuhalten – so wie er selbst, der mehrere Jahre in deutschen Konzentrationslagern inhaftiert war und ein beeindruckendes Buch über seine Erfahrungen geschrieben hat.[20]

Wenn wir Frankls Überlegungen folgen und außerdem davon ausgehen, dass Erziehung planvoll die optimale kindliche Entwicklung fördern soll, dann geht es bei der Stärkung der Glücksfähigkeit von Kindern darum, mit ihnen gemeinsam die guten Gründe für ihr ganz spezielles Lebensglück zu entdecken. Das lässt sich weder mit großen Geschenken noch durch gutgemeinte Belehrungen erreichen. Glück kommt nämlich von »gelücken«, einer alten Form des Wortes »gelingen«. Und damit das Leben gelingt, ist in den meisten Fällen ein eigener Beitrag erforderlich. Natürlich ist es wunderbar, von Fortuna oder auch von den Eltern überrascht zu werden und quasi mühelos ans Ziel seiner Träume zu gelangen. Bei der Glückserziehung geht es aber nicht um das Glück, das zufällig vom Himmel fällt, sondern um dessen gestaltbaren Teil. Die amerikanische Glücksforscherin Sonja Lyubomirsky geht aufgrund ihrer empirischen Studien davon aus, dass unser Glücksempfinden zu fünfzig Prozent durch genetische Veranlagung und zu zehn Prozent durch äußere Umstände wie unsere Lebenssituation bestimmt wird. Es bleiben also noch vierzig Prozent, auf die wir selbst Einfluss nehmen können.[21]

Eine Erziehung, die Kinder langfristig glücklich werden lässt und ihnen ermöglicht, ein gelungenes Leben zu führen, berücksichtigt die Erkenntnis, dass Menschen vor allem dann glücklich sind, wenn sie etwas bewirken, wenn sie schwierige Lebenssituationen bewältigen und wenn sie achtsam und mit sich selbst im Einklang sind. Das sind die drei wichtigsten Gründe für das Glück.

Vom Glück der eigenen Bedeutsamkeit

Kinder haben am ehesten das Gefühl, bedeutsam zu sein und etwas zu bewirken, wenn sie ihre kreativen und analytischen Fähigkeiten entdecken und anwenden können. Dabei müssen sie Dinge ausprobieren und erforschen dürfen, und vor allem muss es ihnen erlaubt sein, Fehler zu machen. Wenn sich also eines Tages die Schneckensammlung Ihrer Tochter selbständig macht und Sie an Ihrer Küchenwand eine Kolonne dieser schleimigen Tierchen entdecken, die dort ihre feinen silbrigen Spuren hinterlassen, tun Sie besser daran, sich über das neu erwachte biologische Interesse Ihrer Tochter zu freuen, als sich über die verschmutzte Wand zu ärgern. Nur durch Ausprobieren lernen unsere Kinder nämlich, welche Träume, Wünsche und Ideen sich praktisch umsetzen lassen und welche nicht.

Gleichzeitig brauchen sie von uns Erwachsenen eine Rückmeldung darüber, ob das, was sie tun, für sie selbst und andere zuträglich ist. Glückserziehung ist in diesem Sinne Erziehung zur verantwortungsvollen Selbstbestimmung. Ich sage bewusst Selbstbestimmung und nicht Selbstverwirklichung, denn selbstbestimmt autonome Entscheidungen zu treffen und sein Leben zu planen heißt nicht, sein Ego immer und überall in den Mittelpunkt zu stellen und seine Bedürfnisse ohne Rücksicht auf andere auszuleben. Sinnvoll ist es also zum Beispiel, für die Benutzung des Schlagzeugs im Keller Übungszeiten mit dem jungen Musiker zu vereinbaren, um die Nerven der anderen Hausbewohner zu schonen, oder eine feste Uhrzeit für das abendliche Nach-Hause-Kommen abzusprechen, wenn am nächsten Tag eine Klassenarbeit ansteht.

In der Glückserziehung geht es nicht darum, alles, was Kinder machen, von vornherein gutzuheißen oder aus Scheu vor einer Auseinandersetzung in die innere Emigration zu flüchten. Erwachsene tun vielmehr gut daran, auch ihre Bedürfnisse darzustellen, schon aus eigenem Interesse, aber auch, weil Kinder durchaus die Grenzen ihres Handelns kennenlernen wollen, um sich und andere vor Schaden zu bewahren.

Die Fülle des Lebens
als Herausforderung begreifen

Wenn wir Kinder in die Lage versetzen wollen, auch schwierige Situationen zu bewältigen, müssen wir in ihnen die Einsicht wecken, dass es im Leben jedes Menschen Höhen und Tiefen, glückliche und weniger glückliche Momente gibt. Zu dieser Einsicht gehört ein Verständnis von dem, was das menschliche Leben ausmacht, ebenso wie das Wissen, dass wir alle im Laufe unseres Lebens, mit oder ohne unser Zutun, in eine Vielzahl unterschiedlicher Situationen hineingestellt werden. Aus dieser Erkenntnis entwickelt sich die Bereitschaft, Schwierigkeiten als Herausforderungen zu begreifen, sie also nicht bloß zu erdulden und womöglich zu resignieren, sondern sie aktiv zu gestalten. Wichtig hierbei ist die Fähigkeit, sich mit den Ereignissen auseinanderzusetzen, sie zu reflektieren und eigene Alternativen zu entwickeln. Wir erinnern uns an den Grundschüler Dominik, der unter großer Schulangst litt. Er hätte den Konflikt mit seiner Lehrerin vielleicht lösen können, wenn seine Eltern die Situation mit ihm analysiert und ihn ermutigt hätten, ihr einen Brief zu schreiben oder sie um ein ruhiges Gespräch unter vier Augen zu bitten.

Zur Bewältigung einer schwierigen Lebenssituation gehört auch, dass man die Bedeutung der Geschehnisse relativiert und sie in einen größeren Zusammenhang stellt. Wie schlimm war das Ausscheiden von Cornelius bei »Deutschland sucht den Superstar« wirklich? Kinder und Jugendliche brauchen in solchen Augenblicken besonders die Unterstützung ihrer Eltern, Freunde oder Lehrer, um frischen Mut fassen und von neuem beginnen zu können. Wenn ihnen das gelingt, ist ihnen das Glücksgefühl sicher, das uns erfasst, wenn wir etwas Großes vollbracht haben.

Im Einklang mit sich und der Welt

Kinder sind auch dann glücklich, wenn sie sich selbstvergessen ihrem Spiel, einer Arbeit oder einem Menschen widmen oder wenn sie sich im Einklang mit der Natur fühlen. Wenn Kinder lernen, achtsam zu sein, also sich selbst, ihre Mitmenschen und ihre Umgebung zu achten und zu beachten, dann erweitern sie damit ihr Wahrnehmungsspektrum und ihre Glücksfähigkeit.

Man kann Kindern die Selbstvergessenheit, wie sie im »Flow« erlebt wird, zwar nicht verordnen, Eltern und Lehrer können aber für jede Altersstufe Gelegenheiten schaffen, die solche Flow-Erlebnisse begünstigen. Das reicht vom einfachen Malen mit Wachsmalstiften über die meditative Yogasitzung bis hin zum religiösen Erleben, bei dem Körper, Geist und Seele im Einklang mit dem Universum erfahren werden.

In einer Welt, in der Kindern und Jugendlichen immer mehr Aufmerksamkeit und Konzentration abverlangt werden, müssen wir ihnen helfen, zwischenzeitlich loszulassen, sich zu entspannen und innere Ruhe zu finden.

Kinder haben das Recht auf eine glückliche Kindheit, und das bedeutet, dass sie das Recht haben zu erfahren, welche Dinge zu einem gelingenden Leben beitragen und welche nicht. In einer durch Reizüberflutung geprägten Informationsgesellschaft müssen sie deshalb schon aus Selbstschutz lernen, Wichtiges von Unwichtigem zu unterscheiden. Nicht jede Fernsehsendung muss angeschaut, nicht jede SMS oder E-Mail beantwortet werden.

Kinder müssen auch herausfinden, ob angestrebte Ziele für sie persönlich einen Sinn ergeben. Den umfangreichen Nachhilfeunterricht zu ertragen, nur weil die Eltern mit den mittelmäßigen Noten nicht zufrieden sind, kann die eigene Einstellung zum Lernen und zur Schule dauerhaft negativ beeinflussen. Der Verlust als wertvoll empfundener Freizeit und der Zwang zum Pauken schaffen zusätzliche ungute Gefühle, die das erfolgreiche Lernen behindern.

Kinder sind glücklich, wenn sie sich selbst als Ursache von etwas erleben, wenn sie das Gefühl haben, aus eigener Kraft einen Beitrag zum großen Ganzen zu leisten, und wenn sie körperliche und geistige Bewährungsproben bestehen und stolz darauf sein dürfen. Dieses als innerliche Belohnung empfundene Glück ist weit mehr als die Freude, die als Nebenprodukt von Pflichterfüllung oder Gehorsam entsteht. Als Entschädigung für die schmerzliche Unterwerfung werden Sicherheit und Anerkennung geboten, zum Beispiel heißt es dann:

»Brav gemacht«, »Bist ein guter Junge«, »Bist ein liebes Mädchen«. Dadurch entstehen beim Kind zwar Dankbarkeit und ein Gefühl von Geborgenheit, gleichzeitig entwickelt sich aber ein Abhängigkeitsverhältnis und die Angst, in Ungnade fallen zu können. Diese Angst behindert die Entwicklung von Selbstvertrauen und Selbstverantwortung.

Kinder sind keine formbare Masse, die sich durch Drücken, Ziehen, Kneten zu »brauchbaren« Mitgliedern der Gesellschaft machen lassen. Die schwarze Pädagogik vergangener Zeiten, die darauf abzielte, durch unerbittliche Strenge den Willen der Kinder zu brechen und sie autoritätshörig zu machen, haben wir glücklicherweise hinter uns gelassen. Eine solche Erziehung macht nicht glücklich, sondern unselbständig und führt zu Frustrationen, die sich wiederum in Aggressionen entladen. Diesen Zusammenhang hat der von den Nazis verfolgte Psychologe Kurt Lewin nachgewiesen, der 1933 Deutschland verlassen musste und in den USA einen Lehrstuhl für Psychologie annahm. In Experimenten mit zehn- bis zwölfjährigen Kindern stellte er fest, dass ein autoritärer Erziehungsstil Aggressionen auslöst. Die Kinder, die an dem Experiment teilnahmen, trafen sich einmal wöchentlich zum Basteln. Der erwachsene Gruppenleiter trug die gesamte Verantwortung, er teilte die Aufgaben zu, bestimmte den Arbeitsablauf und bewertete anschließend die Bastelarbeiten mittels Lob und Tadel. Nach kurzer Zeit reagierten die Kinder mit unterdrückter Feindseligkeit oder offener Aggression gegenüber anderen Mitgliedern der Gruppe. Sie waren weniger spontan und weniger kreativ als Vergleichsgruppen und neigten sprachlich zu einem starken »Ich-Bezug«.[22] Aus meiner eigenen Schulzeit erinnere ich mich noch gut daran, wie vom Lehrer disziplinierte und beschämte Schüler durch Fußtritte unter der Bank die erlittene Schmach an ihren Mitschülern abreagierten.

Gut siebzig Jahre später singen einige Unverbesserliche erneut das Loblied der Disziplin, um kleine »Tyrannen«, »spielsüchtige Egomanen« oder »subtil agierende Intrigantinnen« wieder gesellschaftsfähig zu machen. Der scheinbare Ausweg, den die Vermittlung traditioneller Werte durch strenge Gebote und Verbote zu bieten scheint, kann aber nicht funktionieren. In einer Welt, in der der Markt bestimmt, was richtig und was falsch ist, und in der der Ehrliche oft der Dumme ist, weil er beispielsweise nicht die Schlupflöcher der Steuergesetze kennt, können Kinder schwerlich begreifen, dass Tugenden wie Besonnenheit, Ehrlichkeit oder Gerechtigkeitssinn erstrebenswert sind. Jedenfalls nützt es nichts, wenn man versucht, ihnen diese Werte einzubläuen. Vielmehr müssen wir als Erwachsene Gelegenheiten schaffen, bei denen sie erleben können, wie durch gemeinsame Aktivitäten, in denen diese Tugenden gefragt sind, glückliche Momente entstehen. Das kann beispielsweise das gemeinsame Kochen und Essen in der Familie sein. Aber auch größere Unternehmungen mit der Schulklasse, wie die Teilnahme an sozialen Projekten oder sportlichen Veranstaltungen, tragen zur Verfestigung dieses Werteverständnisses bei. Wichtig ist, dass jedes Kind sich aktiv und verantwortlich beteiligen kann, dass es mithilft, Schwierigkeiten zu überwinden, und dass es genügend beachtet wird.

Die Schaffung solcher Glücksmomente stärkt nicht nur die einzelne Persönlichkeit, sondern hilft vielleicht einer ganzen Generation. Wissenschaftliche Untersuchungen belegen immer wieder, dass Kinder, die sich körperlich und seelisch wohl fühlen, schneller lernen, besser auf sich und ihre Mitschüler achten, mutiger sind und Gerechtigkeit als sinnvoll und wohltuend empfinden. Solche Kinder machen sich auch weniger oft auf die Jagd nach falschen oder unerreichbaren Zielen und sind in der Lage, Glück als positive Begleiterscheinung von Handlungen oder Situationen wahrzunehmen und nicht nur als abstraktes Ziel in ferner Zukunft.

Die Palette der Möglichkeiten, Glück zu erleben, ist schier unerschöpflich und reicht von der kleinen Überraschung, die einem jemand macht, bis hin zum großen Liebesglück oder zur Erfüllung im Beruf. Die Gründe für das Glück ergeben sich vor allem aus sinnvollem Tun und aus einer gehörigen Portion Optimismus, dass das Leben wirklich gelingen kann.

Was wir für das Glück
unserer Kinder tun können

Eine optimistische Grundhaltung fördern

Optimismus ist ein seelisches Grundbedürfnis, so wie Essen und Trinken körperliche Grundbedürfnisse sind. Kinder, die an sich glauben und davon ausgehen, dass ihnen das, was sie anpacken, auch gelingt, sind selbstsicher und seelisch ausgeglichen.

Eltern und Lehrer können zu einer optimistischen Grundhaltung bei Kindern und Jugendlichen beitragen, indem sie durch ihre eigene optimistische Haltung überzeugen und die Zuversicht der Kinder durch Ermutigungen bestärken. Sie können ihnen aber auch durch nachträgliche Erfolgserlebnisse helfen, bereits bestehende negative Glaubenssätze oder pessimistische Einstellungen in positive Haltungen zu verwandeln. Ich erinnere mich zum Beispiel an eine Vertrauensübung im Glücksunterricht, bei der ein übergewichtiger Jugendlicher, der sich als »Loser« und Außenseiter fühlte, von seinen Mitschülern gehalten, getragen und bei Fallübungen aufgefangen wurde. Die Erfahrung zu machen, dass er einer von ihnen war, und zu spüren, dass sie Verantwortung für sein Wohlergehen übernahmen, half dem Jungen, Vertrauen in die Gruppe und in sich selbst zu entwickeln. Außerdem ermutigte es ihn, fortan eigene Ziele entschiedener zu verfolgen. Das ist weit mehr als die Umdeutung eines halbleeren in ein halbvolles Glas. Es ist ein Beispiel dafür, wie aus positiven Schlüsselerlebnissen neue gute Erfahrungen werden können.

Zu Geduld und Gelassenheit erziehen

Dass den meisten Eltern das augenblickliche seelische und körperliche Wohlbefinden ihrer Kinder am Herzen liegt, ist verständlich. Die Umarmung, die Liebkosung oder das kleine Geschenk zeigen sofortige Wirkung: Glücksgefühle durchströmen das Kind und spiegeln sich in einem strahlenden Lächeln wider, das wiederum von den Eltern als beglückend erlebt wird.

Um auf ein gelingendes Leben vorbereitet zu sein, benötigt man aber auch die Fähigkeit, das momentane Hochgefühl zugunsten eines späteren Glücks zurückzustellen. Kinder müssen lernen zu warten, nicht nur bei längeren Autofahrten, wenn es alle fünf Minuten aus dem Fond schallt: »Wann sind wir endlich da?« Zur Glückserziehung gehört deshalb immer auch die Erziehung zu Gelassenheit und vor allem zu Geduld. Das wissen alle Eltern, die sich schon einmal geweigert haben, ihrem Kind an der Supermarktkasse ein Überraschungsei zu kaufen, und anschließend mit einem Wutanfall »bestraft« wurden. Dass es sich lohnt, in solchen Situationen selbst gelassen zu bleiben und die kindliche Lust auf Süßes nicht sofort zu befriedigen, zeigt sich nach einer Weile, wenn die Wutanfälle an der Kasse wie von selbst ausbleiben. In einer Welt, in der die meisten Waren fast jederzeit verfügbar sind, stellt diese Erziehungsaufgabe zugegebenermaßen eine große Herausforderung für Eltern dar.

Gelassenheit oder Ungeduld entstehen durch die Bewertung einer Situation. Wenn Kinder das Gefühl haben, etwas zu verpassen, werden sie leicht ungeduldig. Wenn sie hingegen gelernt haben, sich ganz auf ihr momentanes Tun einzulassen, sei es auf ein Spiel, ein Buch oder auch einen Menschen, dem sie zuhören, wächst ihre Konzentration, und sie werden gelassener.

Im Glücksunterricht kann man mit Jugendlichen Situationen reflektieren, in denen sie besonders geduldig oder ungeduldig waren, um ihnen bewusstzumachen, dass es eigentlich gar nicht so schwer ist, einen Moment zu warten, und dass sich das Warten im Nachhinein oft sogar lohnt. Gleichzeitig ist das vielleicht ein Anlass, um ihnen Techniken zu vermitteln, wie sie sich durch bewusste Atmung oder durch Übungen zur Muskelentspannung selbst beruhigen können.

Die Freude am Alltag wecken

Kinder müssen lernen, dass die glücklichen Hochgefühle das Sahnehäubchen sind, das unser Leben mit all seinen Höhen und Tiefen verziert. Die Natur hat dafür gesorgt, dass die eigentlichen Glücksmomente nur kurze Zeit vorhalten, und das ist gut so, denn im Rausch des Glücklichseins neigen wir dazu, unvorsichtig und unbedacht zu handeln. Eine besonnene oder zuweilen auch skeptische Haltung bewahrt uns vor Torheiten und ist insofern lebenswichtig. Kaum jemand käme zum Beispiel auf die Idee, sich von einem im Glückstaumel befindlichen Chirurgen operieren zu lassen oder mit einem Piloten auf Wolke sieben zu fliegen.

Ohne das Auf und Ab unserer Stimmungen wären wir zudem jeder Motivation und jedes Antriebs beraubt. Es würde sich ja keine Anstrengung mehr lohnen. Außerdem würden wir unsere Sensibilität für die wirklich glücklichen Augenblicke verlieren. Wenn alles ein »Brei« wäre, gäbe es dann noch so etwas wie wirklich glückliche Momente?

Wir müssen deshalb unsere Kinder anleiten, auch den gewöhnlichen Alltag als freudvoll zu empfinden. Und wir müssen ihren Blick schulen für die kleinen Überraschungen, die das Leben für sie bereithält. Manchmal reicht schon das Wiedersehen mit den Großeltern oder den Freunden, um glücklich zu sein. Zu den Glücksspendern des Alltags gehören aber auch die vielfältigen Möglichkeiten, Gutes zu tun. Das dankbare Lächeln der älteren Dame für die kleine Unterstützung beim Einsteigen in den Bus oder den freigegebenen Sitzplatz führt bei dem aufmerksamen Kind zu einem Hochgefühl, das Psychologen »Helper's High« nennen. Und auch die gehbehinderte ältere Dame fühlt sich gut, denn Dankbarkeit für eine Hilfeleistung macht ebenfalls glücklich. Zudem belohnt unser Gerechtigkeitsempfinden uns für selbstlose Taten mit einem guten Gewissen.

Kinder müssen aber auch lernen, Krisen als notwendigen Bestandteil des Lebens zu begreifen. »Not macht erfinderisch«, heißt es, und so mancher Künstler wäre ohne vorhergehende Krise nicht in der Lage, neue kreative Potentiale bei sich zu entdecken.

Eltern und Lehrer können Kindern helfen, Misserfolge nicht als Zeichen generellen Unvermögens zu interpretieren. Damit sie den nach einem gescheiterten Versuch notwendigen neuen Anlauf als Herausforderung annehmen können, müssen Kinder ihre Stärken kennen und sich auf das angestrebte Ziel freuen. In solchen Situationen hilft es, wenn die elterliche Liebe nicht an Leistung gebunden ist und wenn die Eltern die Vorfreude auf das erreichte Ziel mit dem Kind teilen und es an zuvor erfolgreich bewältigte Herausforderungen erinnern.

Immer wieder gibt es im Leben Situationen, in denen man sich wirklich anstrengen muss, um eine Durststrecke zu überstehen, zum Beispiel bei der Vorbereitung auf eine wichtige Prüfung oder einen sportlichen Wettkampf. Das bedeutet aber nicht, dass die Lebensfreude darunter leiden muss. Im Gegenteil, gerade die Bewältigung von schwierigen Aufgaben führt zu Zufriedenheit und stärkt das Selbstbewusstsein. Eltern können ihre Kinder beim Erwerb der so wichtigen Kompetenz des Durchhaltens unterstützen, indem sie den langen Atem selbst vorleben und ihrem Nachwuchs vor Augen führen, wie befriedigend es ist, wenn man ein langfristig angestrebtes Ziel erreicht. Genauso wichtig ist es aber, das Kind für die erbrachten Anstrengungen ausgiebig zu loben.

Verantwortung übertragen

Kinder können nur dann lernen, schwierige Aufgaben zu bewältigen, wenn sie sich in authentischen Situationen ausprobieren und Verantwortung übernehmen dürfen. Wichtig ist dabei das Vertrauen der Erwachsenen in die Fähigkeit des Kindes, die gestellte Aufgabe teilweise oder ganz zu meistern. Wenn Kinder das Gefühl haben, dass ihnen Verantwortung nur scheinbar übertragen wird, in Wirklichkeit aber bei den Erwachsenen verbleibt, lohnt es sich für sie nicht, sich wirklich anzustrengen. Sie können den Erfolg dann auch nicht genießen, denn nach eigenem Empfinden haben sie ja nichts dazu beigetragen. Wenn der heißersehnte Hund oder das Meerschweinchen nach kurzer Zeit fast nur noch von den Eltern versorgt wird, kann sich kaum das Gefühl einstellen, wirklich verantwortlich zu sein. Und die wohltuende Dankbarkeit des Tieres für die gute Versorgung bleibt dem Kind dann ebenfalls vorenthalten.

Um die Übernahme von Verantwortung zu lernen, bedarf es aber genau dieser Erfahrungen. Auch wenn es für Eltern nicht immer leicht ist, sie zuzulassen, denn viele Dinge scheinen Kinder auf den ersten Blick zu überfordern. Ich erinnere mich noch gut an den Moment, als unsere jüngere Tochter zum ersten Mal im

Kinderwagen ausgefahren werden sollte und ihre sie-
benjährige Schwester darauf bestand, sie alleine um den
Häuserblock zu kutschieren. Wir haben an sie geglaubt,
auch wenn wir vor Aufregung den Atem anhalten mussten und heilfroh waren, als das Gespann wieder um die
Ecke bog.

Vertrauen schenken, Selbstvertrauen stärken

Die Erziehung zum Glück besteht aus vielen kleinen
Mosaiksteinen, wobei jedes noch so winzige Steinchen
eine tragende Bedeutung für die Zukunft erlangen kann.
Manchmal bedarf es nur einer kleinen Initialzündung,
und schon kommt etwas in Bewegung, das nicht mehr
aufzuhalten ist – so wie die kleine Widmung im Buch
meines Deutschlehrers, die mich ermunterte, einen
Weg einzuschlagen, den ich mir vorher niemals zu-
getraut hätte.

Dinge in Angriff zu nehmen, deren Ergebnis nicht
von vorneherein feststeht, auf eigene Faust Zusammenhänge zu entdecken und die Welt für sich zu erobern
entspricht der natürlichen kindlichen Neugier. Um den
Mut dafür aufzubringen, müssen Kinder ihren eigenen
Stärken vertrauen. Und wir müssen sie in diesem Vertrauen bestärken, indem wir ihnen zeigen, dass wir ihnen etwas zutrauen und an ihren Erfolg glauben.

Manchmal verstecken sich die Stärken eines Kindes
hinter vermeintlichen Schwächen. Kinder haben unterschiedliche Veranlagungen. Die einen sind spontaner

und extrovertierter, andere mehr nach innen gerichtet und eher zurückhaltend. Nun denkt ein introvertiertes Kind vielleicht, es sei ein Defizit, wenn man sich im Unterricht nicht dauernd meldet und auf alles eine Antwort parat hat. Diesem Kind mit auf den Weg zu geben, es solle sich ändern, hilft wenig. Vielmehr ist es Aufgabe der Erwachsenen, dem Kind zu helfen, solche »Schwächen« in Stärken umzudeuten. Sie können ihm beispielsweise erklären, dass die Zurückhaltung eine Wesensart ist, die zu ihm gehört, und dafür sorgen, dass es Situationen erlebt, in denen es von Vorteil ist, nicht gleich alles in die Welt hinauszuposaunen.

Sich auf Herausforderungen einzulassen bedeutet nicht, vorgefertigte Lösungen zu kopieren, sondern sich auf den Weg zu machen und eigene Lösungsansätze auszuprobieren. Um dabei auftretende Hindernisse zu überwinden, brauchen Kinder vor allem Zuversicht und Vertrauen in die eigenen Möglichkeiten. Selbstvertrauen entsteht durch das Gefühl von Geborgenheit, aber auch durch die Erfahrung, Hindernisse aus eigener Kraft überwinden zu können. Hilfestellungen der Erwachsenen sind zulässig – so wie eine Hilfestellung beim erstmaligen Überspringen eines Barrens im Sportunterricht vor Verletzungen schützt. Kinder müssen auf ihre Stärken vertrauen können und ihr inneres Gleichgewicht finden. Dabei sind Eltern Geburtshelfer; sie sollten rechtzeitig loslassen und nicht wie Stützräder beim Kinderfahrrad das Gefühl der Balance behindern.

Die kindlichen Ressourcen aktivieren

Immer wieder erleben junge Menschen im privaten wie im schulischen Bereich Niederlagen, so wie Cornelius, der bei »Deutschland sucht den Superstar« ausscheiden musste. Wir Erwachsenen dürfen uns dann nicht darauf beschränken, ihnen Trost zu spenden, auch wenn das gezeigte Mitleid kurzzeitig das Gefühl der Schmach mildern kann. Viel wichtiger ist es, die Kinder oder Jugendlichen durch den Blick nach vorne aufzumuntern und sie möglichst anschaulich und bildhaft an frühere Erfolgserlebnisse zu erinnern. Im Glücksunterricht lassen sich Techniken zur mentalen Unterstützung des sprachlich Erarbeiteten einsetzen, die in vielen Fällen befreiend wirken: kleine Phantasiereisen, das Malen von Bildern oder Bildfolgen, die die Lösung eines vorher unlösbar erscheinenden Problems offenbaren, oder einfache Entspannungsübungen. Alle Methoden sollten darauf abzielen, die Zuversicht und das Selbstvertrauen des Kindes zu stärken und seine inneren Ressourcen zu aktivieren, damit es die für einen neuen Anlauf nötige Energie sammelt. Wie der Hochspringer, der das Publikum im Stadion vor seinem dritten Versuch auffordert, noch einmal kräftig zu klatschen, so brauchen auch Kinder in kritischen Phasen nicht nur Zuspruch, sondern spürbares »Schulterklopfen«. Das kann so aussehen, dass man sich zum Beispiel mit ihnen zusammensetzt und gemeinsam überlegt, aus welchen Gründen es beim nächsten Mal klappen wird.

Nicht in allen Fällen ist jedoch eine Wiederholung

möglich. So kann jemand, der bereits zweimal nicht versetzt wurde, die Klasse nicht erneut wiederholen, sondern muss die Schule verlassen. Erwachsene können Kindern dann helfen, einen neuen Anfang zu machen, indem sie sie bei der Suche nach den Gründen für den Misserfolg unterstützen. War das Kind überfordert, faul, durch andere Dinge abgelenkt, oder handelt es sich um die Verkettung einer ganzen Reihe ungünstiger Umstände? Um die eigene Situation zu verstehen und neuen Mut zu fassen, kann es auch sinnvoll sein, sich zu fragen: Was ist eigentlich das Gute an meiner jetzigen Lage? Welche Perspektiven eröffnen sich mir, an die ich vorher nicht gedacht habe? An welche positiven Erlebnisse aus der Vergangenheit kann ich anknüpfen? Cornelius hat zum einen die Aussicht geholfen, an seinen Gesangsfähigkeiten feilen und gleichzeitig einen Schulabschluss machen zu können, der es ihm erlaubt, sein Ziel auf einem neuen Weg zu erreichen. Zum anderen hat ihm die Erinnerung an die entspannte Zeit mit seinen Klassenkameraden vor dem Casting-Marathon neuen Mut gegeben.

Angenehme Erinnerungen kann man gezielt hervorrufen. Fotos und vertraute Gegenstände eignen sich dafür besonders gut, weil sie uns emotional unmittelbar berühren. Das Familienalbum, das hervorgekramte Spielzeug oder die alten Stofftiere machen die Zeitreise zu den positiven Erlebnissen der Kindheit möglich, schenken Geborgenheit und geben Kraft für den Neuanfang.

Kinder, die schwere seelische oder körperliche Misshandlungen oder, wie Selin, sexuellen Missbrauch erlebt haben, brauchen intensive und dauerhafte Unterstützung. Eltern oder andere Vertrauenspersonen müssen dann zuverlässig präsent und ansprechbar sein. Wer in solchen Fällen aus Unachtsamkeit oder Scham die Augen verschließt, lässt wichtige Chancen für die seelische Heilung und die Glücksfähigkeit des Kindes ungenutzt.

Opfer von Gewalt müssen und können – genauso wie traumatisierte Schwerkranke, die mir in der Rehaklinik begegnen – lernen, ihr Leiden als Teil der Fülle möglicher Lebenserfahrungen zu begreifen und zu erkennen, dass die Bewältigung dieser leidvollen Erfahrung sie auch stärken kann. Kinder neigen besonders in Fällen sexuellen Missbrauchs dazu, sich selbst die Schuld an dem Vorgefallenen zu geben. Wir müssen ihnen durch unsere Fürsorge, unser Verständnis und durch neue positive Erfahrungen helfen, sich von diesen Schuldgefühlen zu befreien und neuen Sinn für sich zu finden.

Verbindlichkeit schaffen

Besonders während der Pubertät kommt es zwischen Jugendlichen und ihren Eltern häufig zu Auseinandersetzungen. Die Vorstellungen der Eltern unterscheiden sich dann einfach zu sehr von denen der Kinder, die sich zunehmend abgrenzen und sich nicht in ihr Leben hineinreden lassen wollen. Das betrifft sowohl langfristige Lebensziele und Einstellungen als auch die Wahl der »richtigen« Freunde oder Kleidung. Die Sache wird nicht einfacher dadurch, dass dies keineswegs ein neues Phänomen ist. So wird beispielsweise Sokrates folgende Äußerung zugeschrieben: »Die Jugend liebt heutzutage den Luxus. Sie hat schlechte Manieren, verachtet die Autorität, hat keinen Respekt vor den älteren Leuten und schwatzt, wo sie arbeiten sollte.«

Die manchmal aufreibenden Auseinandersetzungen bieten aber auch hervorragende Möglichkeiten, den Jugendlichen durch das eigene Vorbild zu vermitteln, wie man Persönliches und Sachliches argumentativ voneinander trennt und wie sinnvoll es sein kann, Kompromisse zu schließen. So wird die Erledigung ihnen übertragener Aufgaben im Haushalt oder im Garten von Kindern gerne aufgeschoben, weil sie gerade etwas »Wichtigeres« vorhaben oder auf das gnädige Vergessen der Erwachsenen hoffen. Da die Arbeit sich nicht von alleine erledigt, bleibt sie liegen, und oft kommt es deswegen zum Streit. Ein möglicher Kompromiss in einer solchen Situation könnte lauten: »Gemeinsam geht es schneller, also helfe ich dir, damit du rechtzeitig zu deinen Freunden kommst. Dafür hilfst du mir heute Abend bei der Vorbereitung des Essens, anstatt fernzusehen.« Ein solcher Kompromiss fördert nicht nur die Solidarität in der Familie und die Zuverlässigkeit bei der Erledigung von Aufgaben, sondern die gemeinsame Betätigung bietet auch die Möglichkeit, wie nebenbei über wichtige Themen miteinander ins Gespräch zu kommen.

Das bedeutet aber natürlich nicht, dass über jede geltende familiäre Regel immer neu verhandelt werden muss oder immer neue Kompromisse gefunden werden müssen. Feste Regeln machen Erwachsene für Kinder kalkulierbar, geben ihnen Orientierung und vermitteln ihnen ein Gefühl von Sicherheit. Regeln sind leichter anzunehmen und zu befolgen, wenn sie positiv formuliert werden, entscheidend ist aber, dass die Konsequenzen, die der Regelverstoß nach sich zieht, berechenbar und nachvollziehbar sind. »Wenn du nicht rechtzeitig zurückkommst, um mir zu helfen, kann ich morgen dein Fahrrad nicht zur Reparatur bringen. Dazu fehlt mir dann einfach die Zeit.«

Da die positive Verstärkung bei Befolgung einer Regel nachhaltiger wirkt als die Sanktion bei Regelverletzung, sollten wir nach Möglichkeit nicht vergessen, uns beim Kind für die erledigte Arbeit zu bedanken oder die Einhaltung einer vielleicht unbequemen Regel lobend zu erwähnen. Manchmal kann so etwas wahre Wunder wirken.

Durch Rituale die Gemeinschaft fördern

In einer so komplexen und hektischen Welt wie der, in der wir heute leben, brauchen Kinder dringend Rituale, um außergewöhnliche Ereignisse bewusst wahrzunehmen und zu verarbeiten. Von jeher gelten Rituale auch als besonders geeignet, Verhaltensweisen einzuüben, die die Gemeinschaft stärken. Möglichkeiten bieten sich viele, von der gemeinsamen Mahlzeit, bei der erst mit dem Essen begonnen wird, wenn alle am Tisch sitzen und einen gefüllten Teller haben, über das Gespräch, bei dem wir den anderen ausreden lassen, bis hin zum fernsehfreien Sonntag, der für gemeinsame Aktivitäten genutzt werden kann. In der Schule zeigt die geputzte Tafel den Anfang und das Ende der Stunde an. Das sauber hinterlassene Klassenzimmer ist ein Zeichen des Respekts gegenüber den Reinigungskräften, und die Schulfeier oder das Fußballturnier läuten das Ende des Schuljahres ein.

Eine besondere Form der Rituale bilden Feiern zu Anlässen, die mit der kindlichen Entwicklung zusammenhängen, wie zum Beispiel die Einschulung. Diese Feierlichkeiten markieren nicht nur das Ende eines Lebensabschnitts, sondern bieten den Kindern auch die Möglichkeit, einem bestimmten Tag voller Vorfreude entgegenzufiebern.

Rituale helfen Kindern außerdem, Abschied, Trauer oder Trennung leichter zu ertragen. Das gilt in besonderem Maße für tragische Ereignisse, wie zum Beispiel den Tod eines Mitschülers. Die gemeinsame Gedenkstunde in der Schule gibt den Kindern die Möglichkeit, ihren Schmerz miteinander zu teilen, und hilft ihnen, das Unfassbare anzunehmen. Rituale können aber auch zur Bewältigung der kleinen traurigen Begebenheiten im Leben eines Kindes beitragen: Der tot aufgefundene kleine Vogel kann feierlich im Garten begraben werden und dort seine letzte Ruhe finden. Wenn ein Kind emotional in die Lage versetzt werden soll, belastende Gedanken loszulassen und einen Trennungsstrich zwischen dem Vorher und dem Nachher zu ziehen, kann es helfen, diese Gedanken auf einen Zettel zu schreiben, der anschließend zerrissen, verbrannt oder vergraben wird. Manchmal reicht es auch, sich eine solche Zeremonie einfach nur vorzustellen.

Bei der Glückserziehung darf die Begegnung mit der Natur natürlich nicht fehlen, denn sie schärft die Sinne und macht empfänglich für viele kleine beglückende Erlebnisse. Wir sehen den Regenbogen oder die Sternschnuppe und wünschen uns heimlich etwas. Wir beobachten Tiere oder betrachten Pflanzen und geraten ins Staunen. Wir laufen durch das frische Gras und genießen unsere Freiheit. Wir riechen die Frische des Frühlings oder hören das Zwitschern der Vögel. Wir leben in dieser Welt, sind Teil von ihr und wollen uns in ihr wohl fühlen. Um Kindern den Sinn der Welt zu vermitteln, genügt es deshalb nicht, ihnen in der Schule Biologie, Physik und Chemie beizubringen. Auf einer Wanderung oder auch nur einem Waldspaziergang, bei dem sie die Natur hautnah erleben, geht es ihnen dann vielleicht ähnlich wie Heraklit vor zweieinhalbtausend Jahren, als er am Ufer eines Flusses saß und nach dem Logos, dem Sinn der Welt, suchte und ihn im fließenden Wasser fand. Wenn Kinder erkennen, dass alles in Bewegung ist, alles fließt, vergessen sie hoffentlich ihre kleinen Probleme, werden eins mit der Natur und sind ganz einfach glücklich.

Danksagung

Dieses Buch wäre ohne die Unterstützung vieler Menschen wahrscheinlich nicht entstanden. Man möge mir verzeihen, wenn ich nicht alle namentlich erwähne, die mir mit Rat und Tat zur Seite gestanden haben.

In allererster Linie möchte ich allen danken, die das Projekt »Schulfach Glück« von Anfang an unterstützt und dazu beigetragen haben, den Grundstein auch für dieses Buch zu legen. Dazu gehören die Kolleginnen und Kollegen aus der Schulleitung der Willy-Hellpach-Schule, die Mitglieder unseres Kollegiums und unsere Schülerinnen und Schüler. Ich danke auch den Menschen außerhalb der Schule für ihre Offenheit und für das Einverständnis, über ihre Erlebnisse und Erfahrungen berichten zu dürfen. Nur so konnte es gelingen, den Blickwinkel über den Schulbereich hinaus zu erweitern.

Meinen Kollegen Bernhard Maier und Bernhard Stehlin, der Programmleiterin Julika Jänicke vom Ullstein Verlag sowie der Lektorin Claudia Schlottmann möchte ich für die sachliche und fachliche Unterstützung herzlich danken. Ein ganz besonderer Dank gilt Sandra Sendler, die mich auf dem Weg von der Idee über das Konzept bis hin zur Realisierung immer wieder geduldig beraten, inspiriert und mit konstruktiver Kritik auf Kurs gehalten hat.

Anmerkungen

1 Heike Hölling et al.: *Verhaltensauffälligkeiten bei Kindern und Jugendlichen. Erste Ergebnisse aus dem Kinder- und Jugendgesundheitssurvey*, in: Bundesgesundheitsblatt – Gesundheitsforschung – Gesundheitsschutz, Heft 50, Mai 2007, Seite 784 ff. Nachzulesen auf: www.springerlink.com/content/42268452u555w5pm

2 www.focus.de/schule/schule/psychologie/schulangst/schulangst_aid_24699.html

3 www.focus.de/schule/schule/unterricht/schulstart/tid-9429/einschulung-schulangst-schon-vor-schulbeginn_aid_268160.html

4 *Eltern unter Druck*, S. 13

5 Wilhelm von Humboldt: *Theorie der Bildung des Menschen*, in: *Gesammelte Schriften* Bd. I, S. 235

6 Ernst Fritz-Schubert: *Schulfach Glück*, S. 175 ff.

7 Randy Pausch: *Last Lecture*, S. 228

8 Quelle: *Wissenschaftliche Bestandsaufnahme der Forschung zu »Wohlbefinden von Eltern und Kindern«, Monitor Familienforschung*, Ausgabe 19, hg. vom Bundesministerium für Familie, Senioren, Frauen und Jugend 2009

9 Elmar Lange: *Kompensatorischer Konsum und Kaufsucht bei Jugendlichen. Theoretische Grundlagen und empirische Ergebnisse*, in: Katholische Landesarbeitsgemeinschaft Kinder- und Jugendschutz Nordrhein-Westfalen e. V. (Hg.): *In & Out. Anregungen zur Konsumerziehung in der Kinder- und Jugendarbeit*, Münster 1999, S. 11–35

10 George Loewenstein/Jon Elster: *Choice over Time*, S. 150 f.

11 Eine genaue Versuchsbeschreibung findet sich in Johann Caspar Rüegg: *Gehirn, Psyche und Körper*, S. 8

12 Eine Beschreibung der Studie findet sich in Emmy E. Werner: *Wenn Menschen trotz widriger Umstände gedeihen – und was man daraus lernen kann*

13 Die Rubikon-Metapher wurde gewählt, um »die Grundprobleme einer jeden Motivationspsychologie, nämlich die Wahl von Handlungszielen einerseits und die Realisierung dieser Ziele andererseits« (Peter M. Gollwitzer: *Abwägen und Planen*, S. 39) zu analysieren.

14 Randy Pausch: *Last Lecture*, S. 39 ff.

15 Ihre Philosophie erläutert Katharina Zaugg auf www.mitenand-putzen.ch

16 Das Interview mit Chesley Sullenberger ist nachzulesen auf: www.noows.de, 9. Februar 2009

17 Das Interview *Boateng: Meine Lebensbeichte* ist nachzulesen auf: http://sportbild.bild.de, 19. Februar 2010

18 Viktor E. Frankl: *Der Wille zum Sinn*, S. 19

19 Elisabeth Lukas (Hg.): *Mensch sein heißt Sinn finden*, S. 25

20 Viktor E. Frankl: ... *trotzdem Ja zum Leben sagen. Ein Psychologe erlebt das Konzentrationslager*

21 Sonja Lyubomirsky: *Glücklich sein*, S. 31 f.

22 Kurt Lewin: *Die Lösung sozialer Konflikte*, S. 112–127

Literatur

Aaron Antonovsky: *Salutogenese. Zur Entmystifizierung der Gesundheit*, Tübingen 1997

Rolf Arnold: *Aberglaube Disziplin. Antworten der Pädagogik auf das »Lob der Disziplin«*, Heidelberg 2007

Rolf Balgo/Holger Lindemann (Hg.): *Theorie und Praxis systemischer Pädagogik*, Heidelberg 2006

Joachim Bauer: *Prinzip Menschlichkeit. Warum wir von Natur aus kooperieren*, Hamburg 2007

Anton Bucher: *Was Kinder glücklich macht. Ein Ratgeber für Eltern*, Kreuzlingen/München 2008

Mihály Csíkszentmihályi: *Flow im Beruf. Das Geheimnis des Glücks am Arbeitsplatz*, Stuttgart 2004

Christa Diegelmann: *Trauma und Krise bewältigen. Psychotherapie mit* TRUST, Stuttgart 2007

Eltern unter Druck. Selbstverständnisse, Befindlichkeiten und Bedürfnisse von Eltern in verschiedenen Lebenswelten. Eine sozialwissenschaftliche Untersuchung von Sinus Sociovision im Auftrag der Konrad-Adenauer-Stiftung e. V., Bonn 2007, nachzulesen auf: www.kas.de/wf/de/33.13023/

Viktor E. Frankl: *Der Wille zum Sinn*, 5., erweiterte Auflage, Bern 2005

Viktor E. Frankl: *… trotzdem Ja zum Leben sagen. Ein Psychologe erlebt das Konzentrationslager*, München 1977

Ernst Fritz-Schubert: *Schulfach Glück. Wie ein neues Fach die Schule verändert*, Freiburg i. Br. 2008

Peter M. Gollwitzer: *Abwägen und Planen. Bewusstseinslagen in verschiedenen Handlungsphasen*, Göttingen 1991

Dietmar Hansch: *Erfolgsprinzip Persönlichkeit*, Heidelberg
2006

Heinz Heckhausen: *Motivation und Handeln. Lehrbuch der Motivationspsychologie*, Berlin 1989

Eckart v. Hirschhausen: *Glück kommt selten allein*, Reinbek
2009

Eckart v. Hirschhausen: *Mein Glück kommt selten allein*, Reinbek 2009

Wilhelm von Humboldt: *Theorie der Bildung des Menschen*, in: *Gesammelte Schriften* Bd. I, Ausgabe der Preußischen Akademie der Wissenschaften, hg. von Albert Leitzmann, Berlin 1903–1936, Nachdruck 1968

Julius Kuhl: *Motivation und Persönlichkeit. Interaktionen psychischer Systeme*, Göttingen 2001

Richard Layard: *Die glückliche Gesellschaft. Was wir aus der Glücksforschung lernen können*, Frankfurt a. M. 2009

LBS-Kinderbarometer Deutschland 2009: *Wir sagen euch mal was. Stimmungen, Trends und Meinungen von Kindern in Deutschland*, Recklinghausen 2009

Michael Leisinger: *Selbstgesprächsregulation im sportlichen Kontext*, Diplomarbeit an der Ruprecht-Karls-Universität Heidelberg, Institut für Sport und Sportwissenschaft, vorgelegt bei Prof. Dr. Klaus Roth, 2008

Kurt Lewin et al.: *Die Lösung sozialer Konflikte. Ausgewählte Abhandlungen über Gruppendynamik*, Bad Nauheim 1953

George Loewenstein/Jon Elster (Hg.): *Choice over Time*, New York 1992

Elisabeth Lukas (Hg.): *Mensch sein heißt Sinn finden. Hundert Worte von Viktor E. Frankl*, München 2006

Sonja Lyubomirsky: *Glücklich sein. Warum Sie es in der Hand haben, zufrieden zu leben*, Frankfurt a. M. 2008

Randy Pausch/Jeffrey Zaslow: *Last Lecture. Die Lehren meines Lebens*, München 2008

Jörg Riemeyer: *Die Logotherapie Viktor Frankls und ihre Weiterentwicklungen. Eine Einführung in die sinnorientierte Psychotherapie*, Bern 2007

Johann Caspar Rüegg: *Gehirn, Psyche und Körper. Neurobiologie von Psychosomatik und Psychotherapie*, Stuttgart 2007

Steve de Shazer: *Das Spiel mit Unterschieden. Wie therapeutische Lösungen lösen*, Heidelberg 2006

Steve de Shazer/Yvonne Dolan: *Mehr als ein Wunder. Lösungsfokussierte Kurztherapie heute*, Heidelberg 2008

Dan Short/Claudia Weinspach: *Hoffnung und Resilienz. Therapeutische Strategien von Milton H. Erickson*, Heidelberg 2007

Fritz B. Simon/Christel Rech-Simon: *Zirkuläres Fragen. Systemische Therapie in Fallbeispielen: Ein Lernbuch*, Heidelberg 2007

Maja Storch/Frank Krause: *Selbstmanagement – ressourcenorientiert. Grundlagen und Trainingsmanual für die Arbeit mit dem Zürcher Ressourcen Modell (ZRM)*, Bern 2002

Maja Storch/Astrid Riedener: *Ich packs! Selbstmanagement für Jugendliche. Ein Trainingsmanual für die Arbeit mit dem Zürcher Ressourcen Modell*, 2., überarbeitete Auflage, Bern 2006

Bert Unterholzner/Bernd Lohse: *Abitur-Wissen Ethik: Glück und Sinnerfüllung*, Freising 2002

Emmy E. Werner: *Wenn Menschen trotz widriger Umstände gedeihen – und was man daraus lernen kann*, in: Rosmarie Welter-Enderlin/Bruno Hildenbrand (Hg.): *Resilienz – Gedeihen trotz widriger Umstände*, Heidelberg 2008

Corina Wustmann: *Resilienz. Widerstandsfähigkeit von Kindern in Tageseinrichtungen fördern*, Weinheim 2004